U0649460

合伙人制度与股权激励的6堂课

6

宝哥说股权

高小宝———著

中国铁道出版社有限公司

CHINA RAILWAY PUBLISHING HOUSE CO., LTD.

图书在版编目（CIP）数据

合伙人制度与股权激励的 6 堂课 / 高小宝著 .—北京：
中国铁道出版社有限公司，2023.7
ISBN 978-7-113-30153-8

Ⅰ . ①合…　 Ⅱ . ①高…　 Ⅲ . ①合伙企业—企业制度
②股权激励　 Ⅳ . ① F276.2 ② F272.923

中国国家版本馆 CIP 数据核字（2023）第 064857 号

书　　名：**合伙人制度与股权激励的 6 堂课**
　　　　　HEHUOREN ZHIDU YU GUQUAN JILI DE LIU TANG KE
作　　者：高小宝

责任编辑：王　宏　编辑部电话：（010）51873038　电子邮箱：17037112@qq.com
封面设计：宿　萌
责任校对：安海燕
责任印制：赵星辰

出版发行：中国铁道出版社有限公司（100054，北京市西城区右安门西街 8 号）
印　　刷：河北宝昌佳彩印刷有限公司
版　　次：2023 年 7 月第 1 版　2023 年 7 月第 1 次印刷
开　　本：710 mm×1 000 mm 1/16　印张：9.75　字数：109 千
书　　号：ISBN 978-7-113-30153-8
定　　价：59.80 元

版权所有　侵权必究
凡购买铁道版图书，如有印制质量问题，请与本社读者服务部联系调换。电话：（010）51873174
打击盗版举报电话：（010）63549461

前　言

　　股权激励极具诱惑力，它不是上市公司的专利，是众多非上市公司可以好好利用的方式。越来越多的事例都证明，股权激励已经成为现代公司提升业绩、吸引人才不可或缺的管理工具。但是对于初学者和正在使用股权激励的公司来说，如何快速掌握这个技能并且在实际操作中利用好它，帮助公司更好地提升业绩和吸引人才呢？这是本书要回答的问题。

本书特色

1. 内容实用，讲授符合初学者的认知规律

　　不管是对于创业公司还是成熟的公司，股权激励和合伙人制度都值得深入研究和学习。本书内容涵盖了合伙人制度与股权分配、公司控制与股权布局、合伙人股权激励设计和各类合伙人设计方案，需要深入学习的知识都有详细的实例分析。本书循序渐进并结合案例的讲解方法，完全遵循和尊重了初学者对于合伙人制度和股权激励的认知规律。

2. 通俗易懂，特别适合初学者学习

　　书中介绍的合伙人制度和股权分配、公司控制与股权布局，还有

后期各类合伙人设计方案的讲解等知识，内容连贯统一，由浅入深。在讲解过程中，没有采用枯燥的语言，也没有死搬教条，而是用通俗易懂的语言讲述了这些内容。读者阅读全书的过程，就像跟一位老朋友在聊天，书中结合实际案例，帮助读者分析在公司股权设计和运用中可能遇到的问题，并且针对不同的情况给出了行之有效的方法。

3. 鲜活的真实案例分析，激发初学者的阅读兴趣

本书案例丰富生动，并结合工作中遇到的问题给出了具体可行的参考方法。每一章都会有实际的案例解析，有知名的大公司，也有名不见经传的小公司，涵盖案例丰富。如果只讲一些理论方法，而没有实际的操作展示，并不能真正帮助初学者。理论知识结合现实案例故事的写法，可以很快地帮助读者掌握股权激励和合伙人制度的核心知识。

读者对象

- 各行业公司创始人
- 各行业公司董事
- 正准备导入股权激励的公司老板
- 需要股权设计和合伙人制度入门工具书的人员
- 其他对股权激励和合伙人制度有兴趣的读者

编　者

目 录

第1章　公司控制与股权布局

1.1　如何控制公司经营管理层

　　管理层其实很简单,《中华人民共和国公司法》中明确规定,董事会有权利解聘或者决定聘任公司的总经理,这一条足以掌握总经理也就是公司经营管理层的去和留的问题。我们经常听说某某人是公司的董事长兼总经理,其实就是自己的身份是董事长,然后用董事长的身份聘任自己为总经理。那么公司怎么能够保证总经理这个位子的安全呢?

　　可以在公司章程里面特别约定,比如总经理任期三年,或者五年之内,在任期没有满之前,除非总经理在任期间公司的业绩每年都在下滑,导致公司亏损的情况下才可以直接解聘。或者董事会如果要解聘总经理必须有充分的理由,可以提前做出一些规定。

　　这样就可以防止假如大股东有一天当了法人,或者控制了法人,他可能会新派一位总经理,比如来一个"空降兵"、动不动就换总经理等,这是一个必须提前设计进去的章程。

　　还有就是如果这家公司就是你的,你有管理权,但并不是让你放权给别人。如果你什么权利都放出去了，你就被架空了，对不对？我说的是授权，授权不代表放权。

这实际上很简单，就不细讲了，可以把公司章程里面的条款修改一下，对总经理有利就好。当然你必须是公司的董事长再兼职总经理，这样就可以牢牢地控制管理层了。

如果有一天你作为总经理感觉累了，想把这个位子给其他人来坐，或者公司里面做了股权激励，确实有一位非常优秀的人才，这时候你再把这个位置给这个人才就行了。但是你需要再次修改章程来约定，比如现在总经理应该怎么做，董事会有权随时解聘总经理等。

1.2　如何用公司章程来控制公司

《中华人民共和国公司法》规定"股东会会议由股东按照出资比例行使表决权；但是，公司章程另有规定的除外。"那么"另有规定的除外"是指什么呢？

这一条是针对有限公司的，有限公司可以通过章程另外进行约定，可以约定他不按投资比例进行表决，所以表决权的比例和持股比例完全可以不一致。

如果是股份有限公司呢？《中华人民共和国公司法》要求必须是同股同权，所以股份公司不可以通过公司章程约定。

举个例子，在主体公司是有限公司的情况下，比如 A 是某公司的创始人，目前该公司一共有四个股东，持股比例不一。

假如创始人为了保障自己的控制权，通过有限公司章程可以约定的表决权比例，比如固定为 70%，那么其他股东就按照持股比例分配剩余的表决权。

这个主体是有限公司，如果主体是股份公司呢？股份公司的章程是决不允许出现同股不同权的，那要怎么解决呢？

举个例子，有限公司打算要上市，需要改制为股份公司。因为股份公司规定的是同股同权，公司章程没有办法做出同股不同权的约定。如果创始人还想通过这种同股不同权的方式来保持控制权，就需要在这个主体公司，也就是股份公司上面再设置一个有限公司来作为持股平台就行了，实际上是有一个持股平台，这个有限公司对应的是他们的持股比例。

那么也就是说，有限公司的股东是可以约定不按照实际出资比例来持有股权的，这也是《中华人民共和国公司法》中规定的股东按照实缴的出资比例分取红利，如果公司新增资本，股东有权优先按照实缴的出资比例认缴出资。但是全体股东如果不这样约定呢？如果全体股东约定"不按照出资比例分红，或者说不按照出资比例优先认缴出资"，可以按股东约定处理。《中华人民共和国公司法》还规定"股东会会议由股东按照出资比例行使表决权；但是，章程另有规定的除外"。

这个"另有规定的除外"，实际上就可以让有限公司同股不同权了，以及可以不按照出资比例进行优先认购等，这就是法律依据呀，这些都是公司章程当中可以额外设计和约定的。

那么如果额外设计和约定，要用什么来约定呢？答案就是：来签署或者签立股东协议。谁都知道股东和股东在合伙的过程当中，一般来讲都是需要签订股东合伙协议的。

很多公司的合伙协议就是一套模板，工商局的章程也是一个模板，这可不能瞎用，如果没细细推敲，也没有认真地定制一些条款，就会导致股东和股东之间很多的约定是没有办法解决的。如果约定清楚了，并且有法可依，以后就不会出乱子了。

为什么说工商局都有统一的模板呢？因为办理简单，可以快速注册。

还有很多人在注册公司的时候，找代办营业执照的去注册，肯定是按照最简单的手续来进行注册，所以很多时候股东之间的这个章程，根本就没有记录相互之间的真实想法。我们所有的企业家第一个要注意的是什么呢？除了公司那个章程之外，肯定还要重新签一份股东之间的合伙协议。

股东和股东的合伙协议里面要注意哪些呢？

除了需要注意投资多少钱，占有多少股，怎么去分红。还应考虑将来怎么退出的问题。仔细看下面。

举个例子，我出 200 万元现金，你出厂房，评估下来值 100 万元，还有朋友 A，出了一些固定资产、机器设备，估值 50 万元，一共 350 万元。我占 57% 的股份，你占 29%，A 占 14%。这里如果只简单签一份合伙协议约定怎么参与进去，你出多少，我出多少，每个人占多少，就会犯了什么错误呢？没有退出机制，这就是最大的错误。

所以一定要设计好咱们的合伙制度，进入有门槛，退出有章法，切记。

1.3　什么是一致行动人协议

什么是一致行动人？一致行动人就是通过好几个股东一起签署一个协议，每个股东都保证在约定的一些事情上保持一致行动。比如要干大家一起干，要投谁的票大家一起投，要踢谁大家一起踢，这就绑到一起了，就是这个意思。

一致行动人都是什么人呢？肯定都是公司的股东，公司的股东可以是自然人股东，也可以是法人股东。法人股东就是用你公司的资金投资另一个公司，另外那家公司的股东就会显示你公司的名字，而你公司对于他公司来说是一个股东吧？那么你这个公司在他们公司的股东当中就叫法人股东。

一致行动人协议，说明白了就是约定各个股东商议出来的并且都承诺的一些内容，然后形成的一份法律文书。

各个股东签署一致行动人协议有什么意义呢？公司的一些股东们签署一致行动人协议，就相当于在公司股东会之外又建立了一个有法律保障的小股东会，有法律保障就是因为签署了这份协议，是受合同法保护的。

比如没有开股东大会之前，签了一致行动人协议的股东们，可以先私下讨论一下关于这次大会的内容，确定一下应该怎么表决，有了结果之后，根据这个结果在股东大会里边直接表决是通过还是不通过，可以直接表决。其实就是一些股东们，大家一起抱团取暖，一起合计这些人的表决权有多少，目的就是用来保护自身的利益不受到损害。

如果股东们签了一致行动人协议，但是有人没有按照这个协议的约定进行一致行动，那么他可能就会受到一致行动人协议中约定的违约惩罚，这个惩罚一定要很昂贵。比如交违约金多少，或者罚股份多少等。如果你没有规定这个赔偿责任，大家只是事先商量好事项，开股东大会的时候在表决的一瞬间突然有人反悔了，那就完了，彻底完了！

所以这个惩罚必须要有，惩罚力度越高，他的违约成本就会越大，这样他就不会轻易违约了。

这个一致行动人协议本身就是用来确认公司的控制权的，还有就是用来稳定控制权。一致行动人协议的最大好处是什么呢？可以稳定控制权，这是第一个；还可以控制这家公司，这是第二个；第三个是可以稳定公司的治理结构。

我们遇到过的一些问题是什么？比如一些小股东，他们觉得自己没有什么话语权，有些事情他不想这么做，但是他说了又不算，怎么办呢？他就可以召集一群小股东，签一份一致行动人协议。

一致行动人协议是一份协议，协议里边都有什么内容呢？比如参与一致行动的股东都是谁？参与进来的股东们所有的股权加起来有多少比例？这次行动的目的是什么？还有如果出现矛盾怎么处理？

所以要清楚签署一致行动人协议，大家的目的是什么？不一样的目的，就有不一样的条款，就有不一样的约束内容。所以你在签署之前，要考虑好你的目的是什么。比如签订的目的是增加对公司的控制权，增加大家的发言权，那么参与一致行动的股东就随便了，大股东小股东都可以。

比如公司要融资了，融资的前提是股东大会必须要过半数同意，这个大股东假如持股才 45%，还差至少 6% 才能达到过半数。怎么办呢？他就可以找到一个人，或者合计持有的股份大于或等于 6% 的小股东，跟他们签署一致行动人协议，或者这些小股东直接把他们 6% 的投票权委托给这个大股东，这样大股东的表决权就过半数了，然后开股东大会的时候直接表决通过就行了。

签这个一致行动人协议，小股东就是为了增加自己的话语权，来保证自身的利益的。在一些重要的事项决议之前，一致行动人先开会商议一下，最后做个决定，这个决定是对外的表决。

当然，签了协议的股东还得计算一共持有公司多少股份。比如签协议之前，我持有的股份是 25%，朋友 A、朋友 B、朋友 C，还有 D，股份一共是 40%，签了一致行动人协议之后，持有的股份加一起就到 65% 了，而他们把投票权都给了我，那我个人就有 65% 了，已经完全超过半数，过 1/2 了，所以这次的融资是没有问题的。

但是，一致行动人协议的不足之处是什么呢？它是有期限的，过了约定期限就失效了。

比如我有 25% 的股份，你们几位有 40%，加一起 65%，原则上超过二分之一以上就可以融资了。如果这次融资成功，或者融资结束了，是不是这份协议就失效了呢？或者签署一致行动人协议的目的就是为了并购某一份资产，可公司并购完成了呢？这个目的达成之后协议就失效了。

还有一点就是，如果公司上市了，他的股票如果在二级市场上卖了，买的人就不是你的一致行动人了。

再比如有一个股东可能因为经常加班导致身体不行了，没抢救过来，股份继承给他的妻子或者子女，这个时候，继承了股权的人也就不是你的一致行动人了，除非你和继承者重新签一份补充协议或者重新签一份一致行动人协议。

所有一致行动人协议对第三方是没有约束力的。

1.4　委托投票权控制公司

实际上委托投票权相对就比较简单了，我也经常接到企业家朋友给我打电话咨询，问我：委托投票权和一致行动人到底有什么区别。

简单来讲，就是如果把一致行动人定义为大股东和小股东聚集到一起形成小股东会，然后选出一个代表来参加股东会表决，那么在这些一致行动人当中选出来的这个人可以叫作股东代表，所有股东都要听他的，或者他所做的表决就是一致行动人的最终意思。

那好，如果是委托投票权呢？就是你把你的表决权，委托给我来行使，所以一致行动人需要都是股东才行，但是委托投票权的受托方，也就是我，可以不是公司股东。

举个例子，比如我是慧杰公司的创始人，我个人是大股东人，持有的股权比例是 47%，假如用 A 表示我。然后这家公司一共有四个股东，我是 A 持股 47%，B 持股 25%，C 持股 15%，D 持股 13%，很好理解。假如这个 B，他把 25% 的投票权委托给我了，这是表决权分配比例。

我自己的 47% 加上 B 的 25%，我的合计表决权是多少？是 72%。那么我持有的这个比例意味着什么呢？绝对控制。是不是我就拥有这家公司的绝对控制权了？

那好，如果我把我的投票权和 B 的投票权一起委托给公司的董事长呢？这个董事长可能是他，可能是你，可能是公司的每一位，那么他依然可以行使这个权利。所以要记住：一致行动人协议，签署的各方必须都是股东。而委托投票权，委托给的这个人可以是股东，也可以是其他的任意的自然人。

1.5　小米的雷军如何用 A/B 股制度控制公司

A/B 股制度实际上 A 和 B 是两个系列的股票，A 系列和 B 系列。不同系列的股票具有不同的表决权，比如 B 类股一般都是由创始团队或是管理层来持有的。A 类股一般是外部的投资人或者股东持有的，因为有的股东非常看好这家公司的未来，所以愿意放弃自己的一些表决权来参与一些投资份额。

举个例子，现在如果一些非常好的公司，比如腾讯、阿里巴巴，如果在没上市前打算卖给你 1% 的股票，并且没有任何的表决权，你买不买？一些好的公司不一定非要表决权，要表决权干吗呢？大家是为了赚取股权的增值溢价而已。

如果你看好这家公司，持有的是 A 类股，这种 A 类股属于低投票权的类别，所以你需要牺牲一定的表决权来换取一定的入股机会，让你购买一定份额的 A 系列的普通股。

A 类股一般是 1 股 1 个投票权；B 类股一般是 1 股 10 个，或者 20 个投票权，当然这个公司自己定。

所以创始团队、管理层需要持有 B 类股，这种结构非常有利于一些成长型企业的公司治理问题，可以降低创始团队控制权被旁落的风险。

因为随着企业不断地扩大，会进行很多轮的融资，还会对核心团队进行股权激励，这样会稀释很大一部分股权。如果企业没有提前设计，那么到最后你难免会控制权旁落，如果控制权丢失，你将会被出局。

雷士照明就是一个很好的例子，不断地融资，不断地稀释自己的股权，最后导致控制权丢了，自己还出局了。

所以 A/B 股这种设计，完全可以稳定企业的发展。采取 A/B 股模式的公司主要有科技类、互联网类，很多知名的互联网公司都采用的 A/B 股的制度，包括百度、阿里巴巴、京东、小米等，他们都采取了 A/B 股结构。

公司在发展的过程当中会不断地引入新的投资人或者做股权激

励，股权稀释肯定是在所难免的，所以通过这个制度就可以有效地保证创始人和管理层的表决权。

讲讲小米的案例：小米是在香港上市的，其招股说明书中显示的就是他们采取同股不同权的双层股权架构，也就是我们说的 A/B 股制度，这样雷军就牢牢地把握了小米的控制权。

小米也是把股票分为 A 类股和 B 类股，A 股 1 股有 10 个投票权，B 股 1 股只有 1 个投票权，创始人雷军和林斌他们两个人同时拥有 A 类股和 B 类股，其他人只有 B 类股。

雷军持股比例是拥有的 A 类股占总股份的 20.51%，拥有的 B 类股是 10.9%，合计是 31.41%。林斌拥有的 A 类股占总股份的 11.46%，拥有的 B 类股是 1.87%，合计是 13.33%。

我们计算雷军的投票权：先算一下雷军的表决权（20.51×10+10.9）除以公司总的表决权〔（20.51+11.46）×10+（100−20.51−11.46）〕等于 55.7%。

我们再计算一下林斌的投票权，（11.46×10+1.87）÷〔（20.51+11.46）×10+（100−20.51−11.46）〕等于 30%。

当时他们的章程规定：小米集团的重大事项必须有 3/4 表决权的股东通过，普通事项半数以上就行了。雷军的 55.7% 可以决定普通事项；雷军和林斌一共是 85.7% 的表决权，可以决定重大事项。所以雷军通过这样的双层股权设计就掌握了小米的控制权，这就是小米的 A/B 股制度。

1.6 什么是持股平台

如果你的企业没有一个很好的股权顶层布局，那就应了一句话，"根基不稳，风一吹就倒了。"

这是什么意思呢？意思是企业的根基就是股权，而股权的布局决定你的企业将来能走多远。

企业组织的类型有很多，包括个体户、个人独资、普通合伙、有限合伙、一人有限公司、有限公司、股份有限公司等，我们都应该对这些组织的类型多加了解。

个体户就不多说了，个人独资企业也不多说了。这个普通合伙企业呢？实际就类似于律师事务所、会计师事务所，他们要求成员彼此之间信任度非常大，而且每个人都有无限连带责任，所以这就需要他们共同经营和管理。一人有限公司呢？它跟个人独资企业最大的区别是独资企业承担的是无限责任，而一人有限公司承担的是有限责任。

那国家为什么要设置这么多类型的企业呢？就是要让企业能够从顶层出发，来运作好、治理好我们的企业。

这么多类型的企业就像盖房子一样，哪儿该用木头，哪儿该用砖，哪儿该用钢筋都要捋清楚，这样房子才能盖得越来越高。企业也是这样。

企业的顶层布局，如果当初有一个宏伟蓝图，按照设计好的蓝图去逐步实现，没有效率不高的。如果你这次没设计好，下次一变动就会涉及很多的困难。

刚才说的企业这么多类型，我们都是组合来使用的，下面看看该怎样进入、怎么去布局企业的股权。

股权布局里面首先讲的就是持股平台，什么是持股平台？就是自然人股东并不是直接来持有这个运营主体公司的股份，而是通过一个平台来间接持有这个运营主体公司的股权，用于间接持有的平台就叫作持股平台。

市面上见到的持股平台有这么几类，有些采取的是有限公司，有些采取的是合伙企业（即有限合伙）或者股份有限公司的，当然还有私募、信托，资产管理等，关于金融方面就不在这里讲了，主要讲合伙企业，还有有限公司和股份公司。

先说一下为什么要用持股平台，持股平台除了可以实现对股权控制的目的之外，还有很多优势。比如可以增加股东的人数，有限公司最多注册是多少人？50个人。如果上边再加上一个有限公司，或者说再加一个合伙企业来持股，那么可以最多增加到99个人。

股份公司的股东呢，最多是200个人，上边如果再有一个有限公司或者合伙企业，那么持股平台人数可以增加到249个人。如果股份公司上边再加一个股份公司呢？那么股东人数最多可以达到399个人。这是可以增加股东人数的。

另外，还可以保持主体公司股权的稳定性，这对于股东尤其是创始人来说，对控制权的把握会更好。

1.7　什么是有限合伙企业

合伙企业的注册人数最多 50 人，只有个人所得税，没有企业所得税。

这里面有两个角色，一个叫作普通合伙人（简称 GP），是执行事务的合伙人，对合伙企业是承担无限连带责任的；另一个角色叫作有限合伙人（简称 LP），是以出资额度来承担有限责任的，它不是公司，它是一个组织机构，注册之后里面不是股东，而是把股东换成了合伙人，作为合伙人持有的不是百分比而是份额，并且注册公司的时候是签署章程，但是合伙企业签的是合伙协议。

一般来讲，这个普通合伙人都是由创始人来担任执行事务合伙人的，这个执行事务合伙人具有这家合伙企业全部的表决权，但是他没有财产分配权，说明白了他是只要权不要钱，权是权利的权。那有限合伙人呢？他们只享有企业对外投资的财产的收益权，只要利润不要权，这样就可以把钱和权分开了。

举个例子，看看怎么用有限合伙来控制公司。比如某一个公司有四个股东，A 是创始人，持股比例是 47%，B 持股 25%，C 持股 15%，D 持股 13%，他们共同持有一家公司。

假如说 A 和 B 组成一个有限合伙企业，A 做有限合伙企业的普通合伙人 GP，也就是执行事务合伙人，B 就是有限合伙企业的有限合伙人 LP 了。如果 A 用全部的股份 47% 和 B 的全部股份 25% 组成一个有限合伙企业，然后看 A 持有合伙企业的 65.3%，B 持有 34.7%，再用有限合伙企业去持有这家公司的股份，股权结构是不是发生了这样的变化？

合伙企业直接持有公司 72% 的股份，那么 A 由于是合伙企业的执行事务合伙人，基本合伙企业是 A 说了算，然后合伙企业又持有公司 72% 的股份，还记得绝对控制权持有多少比例就可以了？2/3，这是一种方式。

第二种是 A 总共持股 47%，他现在拿出 17%，和 B 的 25% 组成一个有限合伙企业。加入持股平台之后，47% 减去 17% 还剩 30%，他用自己的 17% 和 B 的 25% 加在一起是 42%，A 在合伙企业里是执行事务合伙人，B 是有限合伙人。

他们这个合伙企业是不是执行事务合伙人说了算？由于 A 在合伙企业是执行事务合伙人，那么他是代表合伙企业的，再加上自己的 30% 股权，他的表决权比例也是 72%。

这两种方式，虽然股东 A 的持股比例不变，直接的再加上间接的股份仍然是 47%，但是他能够掌控的表决权比例是 72%。换句话说，如果 A、B、C 组成有限合伙企业，在股权比例保持不变的情况下，A 能够掌控的表决权比例可以高达 87%，因为 A、B、C 他们加在一起就是 87%。

比如在主体公司中的股东人数比较多，那么把部分的股东打包放在持股平台上面，未来股权发生变动的时候是持股平台里面的股份和股东在发生变化，主体公司的股份不受任何影响，这样就可以减少主体公司的股东变动，也有助于保持公司股权的稳定。

知道一家公司最多能装多少股东吗？50个人。《中华人民共和国证券法》规定，如果企业要上市，企业股权必须要清晰。那为什么《中华人民共和国公司法》规定公司最多是注册50个人呢？

举个例子，如果你的公司有30个股东，公司有什么重要的事需要召开股东大会，集齐这30个人难不难？如果像我刚才讲到的那样，先注册持股平台，股东们打包进入，然后控股这家公司，而其他的29个股东全都装在另一家公司里。

这时候明面上是不是两家公司作为法人股，而你的公司你是控股的，你一家公司直接就可以做这家公司的一些决策，不需要再集齐其他29个股东了，这样你就可以在公司治理上简单很多。

另外还能避免一些风险，如果有一个人有一些副业，他还直接持有你这家公司，那么他一旦出现问题，你这家公司可能就会受到很大的牵连。而如果他能够在这家持股平台里面持股，即使他出了什么重要的事，也不会直接影响运营主体，这样就能把某些不为人知的风险因素隔开了。

举个例子，比如现在有50个人共同注册了一家公司，那么如果公司有重大的事项需要所有的股东到场签字，别说50个股东，就是10个股东也不见得能在统一的时间过来签字。如果某些股东他来不了，这个字签不了，这件事儿就干不成。

我们说股权控制，就会聊到有限合伙企业，而有限合伙企业又是现在市面上作为持股平台来说用得最多的一种方式，那么它有什么样的好处呢？

实际上合伙企业在治理结构上面可以把钱和权分开，对于创始人来说，投票权、决策权、话语权是非常重要的。有限合伙企业，正好可以实现创始人把钱和权分开的目的。实际上《中华人民共和国公司法》或者《中华人民共和国合伙企业法》，不管是利益分配机制还是合伙人的权利分配机制都是比较灵活的，都可以在合伙协议当中自由地约定。

所以当你在招募合作人的时候，或者给员工做股权激励的时候，采取的就是有限合伙公司来做持股平台。创始人掌握控制权就好了，给到核心高管的就是利。还有就是当你去融资，吸纳新的投资人、合伙人的时候，你可以问他是奔着你的利来的还是权来的，奔着利来的，进入合伙企业就好了；如果是奔着权力来的，那么你就要谨慎了。

1.8　如何设计底层的架构

有一种子公司，叫作业务完全复制型子公司，啥意思呢？比如你是做连锁的，在当地区域可能家喻户晓，但是这些不足以满足你的野心，于是你想在外面扩张。你的这个店本身就已经非常成熟了，运营体系也不错，非常流程化，于是这时候就可以复制你的店面，来扩大你的整体业务范围。

这种完全复制性的子公司，最大的好处是可以采取跟投的形式一起来做，什么意思呢？比如公司领投，内部众筹，店长、经理、管理层认筹，等等。这个我在股权激励板块会有详细的阐述。还有一种是业务单元拆分子公司，啥意思呢？

比如拿慧杰举个例子吧：慧杰未来肯定是要走集团化管理路线的，现在还没有形成集团的气候，慧杰的三大块业务第一板块是股权培训和落地板块；第二板块是私募板块，私募板块为的就是融合有钱企业的资金，投向合作过的非常优秀的企业去赚取资本收益；第三板块是网络教育板块。

怎么形成业务单元拆分子公司呢？首先慧杰会把这三块业务剥离，分别注册三家公司，一家咨询公司、一家私募管理公司、一家文化传媒公司或者叫作网络教育科技公司，这三家公司都会有专人负责，然后统一由集团管理，这样就是业务单元拆分的子公司架构。实际上这也是股权激励的范围。

还有一种呢？叫作创业型子公司，这又是啥意思呢？实际上这个更简单了，我们经常给企业做股权激励，为了能更好地与公司的核心高管形成利益、事业共同体，或者精神、命运共同体，从而使企业越做越大，公司每年都会提取部分的创业基金，用来干吗呢？这个钱是用来满足公司核心高管的创业梦想的。

什么意思呢？有的高管一辈子没创过业，成为公司的激励对象之后，每年参与的分红也不少，存了一部分钱，于是就打算辞职，然后自己去创业。

现在创业有那么容易吗？不容易吧？即使你创业，需要投资不少吧？再者，你开始创业之后，你的品牌影响力够不够？还有你的客源哪里来？风险谁跟你承担？如果你创业失败，要去哪里上班？还能不能找到一家比现在更好的企业，并且每年还有不菲的分红给到你？没有吧？但是人家说了："我就想创业，就算赔了我也认。"

"既然这样，你想创业可以啊，我能不能作为你的投资人呢？你的总投资是多少？我给你出 40% 的资金，占 30% 的股怎么样？"

"你需要资金，我给你了，你需要品牌，可以用咱们现成的品牌，你如果需要资源，我完全可以给你提供各种资源。换句话说，如果你失败，算我亏了，而且你的损失也不会很大呀？我还给你投了 40%呢，并且我给你投 40% 只占 30% 的股，开的这个公司你完全说了算。"

这种方式怎么样？其实像这种创业型子公司，也是激励板块才有的。

第2章 合伙人股权激励设计

2.1 什么是合伙人股权激励

最近几年我们经常听到事业合伙人、创业合伙人，还有门店合伙人、项目合伙人，等等。比如：阿里巴巴的合伙人制度、万科的项目合伙人、海底捞的门店合伙，还有小米、永辉、海尔，哪个企业不是靠着成功的合伙人制度做强做大的呢？

究竟什么是合伙人股权激励制度呢？如果你认为张三在公司辛苦效力了五年，于是决定给他 5%；又认为李四销售能力很强，为了留住他，于是给他 10% 的股权进行注册；又认为公司内部做团队的合伙人激励制度就是拿钱给到大家。

那你就大错特错了，股权激励实际上包含所有的合伙人形式，比如门店、项目、创业团队等。而合伙人激励制度实际上就是股权激励的一个升级版，是通过一套制度将公司内部，乃至外部的一切对公司有价值、有贡献的人凝聚到一起。

我遇到的北京某家公司是做付费内容输出的，合伙人就两个人，王磊持股 80%，左双天持股 20%，但是所有的稿子，再加上视频拍摄、语音录制等都是左双天来完成的。

经过三年的努力，这个公司的粉丝关注量就突破 2000 万人，当时企业估值达到 1 亿元人民币。

由于王磊持有大股，左双天持有小股，于是左双天就认为自己是给王磊打工的。左双天虽然持有的股权比例小，但是他的才能比较过硬，思来想去，要不自己去创业吧，所有的知识都是自己的，没必要寄人篱下，最后好好的一个项目就这样流产了。

我还遇到一家杭州的企业更闹心，怎么回事呢？杭州企业老板叫严总，他当初创业的时候，看他们的销售经理能力很强，于是某一天喝完酒把他的销售经理李俊叫出来，说："李总啊，咱们创业不易，你的能力我很认可，你这样，我把公司 10% 的股权给你，等后期公司如果上市，你就可以实现财务自由了。"就这样李俊欣然接受。

五年后严总的公司要上市，这个李俊就找到了严总，说："严总，当初是你说只要我在公司好好干，你给我 10% 的股权。这几年我一直在努力工作，据说这段时间公司要筹备上市，你把当初承诺我的 10% 股权给我注册了吧！"

严总说："每次分红我都用在公司的发展上，可是你每次分红都把钱拿走，这么多年了，你的股权比例不可能是 10% 了，经过我们测算，你大概还有 2% 的股权，如果可以，明天咱们去工商局办理注册。"

李俊一听那还了得，于是吵吵着说："那肯定不行！"后来一纸诉讼，把严总的公司告上法庭。上市筹备期的公司是不能有诉讼的，一旦有诉讼就会延期上市，甚至就此终结。

是不是好好的公司，由于一纸诉讼耽误了上市大计？如果你对股权不懂，对股权激励不懂，我建议大家还是别轻易许诺，哪怕是口头约定也不行！可能你说者无心，但是别人听者有意啊！

再比如我经常遇到的，公司的总经理吃里爬外怎么办？团队人员想买公司股份怎么处理？如何估值？团队人员买了股权，你是不是担心他更不努力工作？

还有的老板认为，是不是公司做了合伙人股权激励，自己赚的反而更少了？这些问题就是一种普遍现象，更需要系统地了解。

前段时间有一家公司老板咨询我："三年前我们公司给团队做合伙人制度，团队人员买了公司一部分股份，其中有几个人买了之后没多久就离职了。就在前几天，我听说其中一个员工找到公司，让公司把股权买回去。我记得当时他用 10 万元买了 5% 的股权，现在他回来要求公司用 100 万元收回他的股权，这可怎么办啊？"员工买了股权，就把股权带走了，这可是大忌呀！

合伙人激励制度，其实就是把企业当成一个平台，这个平台就是大家的，平台通过建立在合伙人团队之间的一套合伙制度，谁有本事，谁能力强，那你就赚得多，不论是分红抑或者是股权。

如果今天老板们还不能解放自己的思想，那么我也没办法，你只能自己去思考，你只能自己晚上睡不着觉了，因为别人不会给你操心。为什么别人不会操心你的事呢？因为这事跟人家一点儿关系都没有，人家凭什么给你操心呢？该下班就下班，到点打卡就走了。记住，事是大家一起来做的，企业是大家的，平台是大家的。

换句话说，如果你今天不导入合伙人激励制度，万一有一天你的同行比你早一天导入了合伙人制度，那么你的公司就很危险了。

比如，我在你这上班，一个月 5000 元钱，年底什么都没有。据我了解，隔壁的公司同样是每个月 5000 元钱，但是年度他们有分红啊！我这么有能力，不可能留在你的公司一直干下去！所以你能留得住我吗？

公司刚开始创业的时候，靠的是老板人管人。当企业慢慢成长起来了，这时候靠的一定是制度来管人，靠制度来留人。

有一句话我经常和朋友们聊，我说："老板要解决六件事，有三做，沟通、融资、招贤；有三分，分钱、分股、分权。"

左手股权融资，右手股权激励，一手资金，一手人才，你说你还缺什么？

接下来，我们会深入了解如何设计公司的合伙人股权激励制度。我将会把每一个具体的问题以风趣、幽默的实际案例讲出来，使大家更快地吸收、学习，帮助你提升合伙人激励思维，告别单打独斗。

2.2 合伙时代的企业是合伙人的

为什么说不要总是把企业看作咱们自己的呢？我经常和一些企业家聊天，我说："如果你把企业看作自己的，那么你就会发现你是在围着全公司上上下下所有人在转，说明白了你就是在为员工们打工。"

我们经常说大部分企业老板都没员工活得好，又是什么意思呢？老板累死累活给员工提供岗位，发着工资，如果有一天发不出工资来了，老板可能要满世界去找钱。都说老板难，都说员工不理解老板，其实我倒不是这么认为的，我认为是老板不理解员工的心，不知道员工想要的是什么，为什么这么说呢？

如果你把企业看作我们大家的，那么你就会明白这个道理。你不要把这个企业看作自己的，你一定要把这个企业当作一个平台，这个平台就是大家的，平台成就大家，谁有本事，谁能力强，谁就赚得多。

记住，事是大家一起来做的，企业是大家的，平台是大家的。如果你有这个思想觉悟，那么所有的人是不是就会围着企业转，从而就可以解放老板了呢，对不对？

所以合伙人激励制度导入之后，你会发现各位合伙人的心就会在公司，会想办法让公司越做越好，同时可以解放老板，让老板有时间去思考更长、更远的战略。

老板是怎么来的呀？从初中到大学，从大学到博士硕士，哪个学科是教我们当老板的？没有吧？那么没有一个学科教当老板，老板怎么来的呢？答案是与生俱来的。

老板除了具有天生的管理能力之外，还必须要具备两种能力：一种能力是股权融资，我们暂且不提；另一种能力就是识人用人的能力。如果你的公司有一个能力很强的人，你能眼看着他跳槽到竞争对手那里去上班吗？不能吧？

所以我们整篇探讨的就是如何把有能力的员工用一套激励制度留下来，让他成为我们的合伙人，让企业越做越大，体现我们的个人价值与社会责任。

2.3　股权都有哪些收益

投资人彪哥是我认识多年的一位好朋友，他是一个自由职业者，也是一位著名的天使投资人。他有时候会向我要一些项目介绍，然后去和项目创始人谈一谈投资的事。为什么跟我要项目资料呢？彪哥的思路就是，凡是找过我设计合伙人激励方案的企业，他们的团队一般凝聚力都很强，而且创始人想分和敢分，所以格局也小不到哪儿去！

有一次彪哥投资了一家我落地过的企业，在安徽合肥，这个企业的创始人是徐总，签的协议里面有一个条款是：三年之内不分红，三年之后根据情况再分红。

这个条款被徐总的某一个高管看到了，很是不解，就问徐总："投资人投资进来怎么不参与分红啊？"徐总紧接着在聊天群里把这个问题抛给了我。

我最后告诉大家的是，股权不仅有分红收益，还有增值和溢价的收益，投资人之所以看不上这点小小的分红，是因为增值收益和溢价收益是他分红的几十甚至几百倍之多。

当然我说的也不能太绝对，如果我们就是开连锁餐饮的，投资人可能投资就是看中短期的分红收益的，这也没错！

中小企业不论是稳步成长，还是高速发展，实际上都是一个发展和成长的过程。如果你的企业停滞不前，你的企业价值也就没办法增长，企业价值也就无法体现，更别说股权的增值和溢价了，对不对？

所以企业不断地发展，价值也是不断提升的，你的股权价值也是以几何倍增的形式在增长，所以回报周期比较长，回报的价值也比较大。

如果整体的工资高了，那么作为股权激励，是不是分红就要少点呢？如果整体工资低，是不是就要分红多点呢？实际上这就是一个平衡的问题。别忘了工资就是成本！因为如果工资高了，企业剩余的净利润就少了，所以分红就少了；如果工资低了，成本低了，企业剩余的净利润就多了，所以分的就可以相对多一点。

2.4 动态薪酬激励制度

我们看看小米是如何做的动态薪酬激励。雷军在一次演讲当中说的大概意思是这样的，他说：创业者最大的资产就是梦想还有自己手里的股权，要相信自己的梦想就相当于相信自己的股权，它们的价值一样重要；然后再用自己手里最宝贵的股权去换取企业需要的人才、资源，这就是创业的一个过程。

雷军通过分股权来凝聚人心，所以他们在创业第六年的时候，销售额已经达到千亿元人民币。创业第八年的时候小米就在香港上市了，上市那天他们的公司市值差不多500亿美元（3000多亿元人民币）。

公司怎么去吸引人才呢？实际上只有股权了，因为股权对一家公司是很重要的，所以拿股权去吸引人才也是很关键的。

重点是雷军创业一开始就做了合伙人的股权激励制度，早期是用股权和现金来做的弹性激励薪酬模式，大致是这样的：

比如你刚来公司上班，你自己做选择，你是要 100% 的工资，还是拿 70% ～ 80% 的工资和少部分的股票？还是选择只要一点生活费？

这都是员工的自愿行为，选择工资全拿的，只有 15% 的人；70% 的人选择拿 70% ～ 80% 的工资和一点股票；还有 15% 左右的人选择只要一点生活费。

在 2018 年的时候，小米是 B 轮融资，雷军还说员工可以自己花钱来买公司的股份，我记得当时封顶是 30 万元。那时候公司一共才 70 个人左右，有 60 个人都花钱买了，当时差不多一共是 1400 多万元不到 1500 万元这样的规模。

当时小米的联合创始人们自己花钱买股票基本在 3%，有一个人叫林斌，他当时买了 13.3% 的股票。

后来小米上市，招股说明显示一共有不到 1.5 万名员工，其中 1/3，即五千多人都持有小米一点股票，这样，大家都有了股票，心态就不一样了，都是创业者，都是为自己干活，所以每个人都会全身心地投入到工作当中。如果赚钱了，这是你的眼光；赔钱了你也别找任何人，这也怨不得谁！

这就是小米的弹性薪资与股权激励的制度，再加上自愿的投资行为，才让公司变得这么有活力。

有的企业说："公司刚刚起步，没有小米那么大的规模，难道就不能做动态的薪资与股权激励了吗？"答案是，必须可以！

分享一下我为一家企业实操的一个案例，这个案例叫作弹性薪资的合伙人激励机制，方法很好，可以借鉴，主要分下面四种情况：

第一，工资全拿，不享受股权分配。

第二，工资拿80%的（这个80%不是固定的，可以动态调整），拿了80%的工资，那么就把这余下20%对应的工资金额占公司估值的百分比的股权给到他，然后为了鼓励大家，可以再赠送5%的薪资，仍以占公司估值的比例的股权给到他。

第三，工资拿50%，余下就有50%的薪资对应公司估值的比例的股权给到他，然后再赠送10%的薪资，以占公司估值的比例的股权给到他。

第四，只拿生活费的，就是100%的薪资对应公司估值的比例的股权给到他，而生活费就相当于是公司赠送的。

根据上面的情况，我再举个例子：

小王选择少拿工资，而工资是很好量化的，小王年薪50万元，只拿20万元，剩余30万元作为换股。比如公司一年净利润为500万元，也估值500万元，小王换股的30万元除以公司500万元的估值，等于6%的股权。

第二年公司如果赚500万元，那么小王的分红就是500万元的6%，等于30万元。如果小王经过努力奋斗，公司赚了600万元呢？

那小王分红就是 600 万元的 6%，是 36 万元（可以多拿 6 万元），再加上小王 20 万元的年薪，那么他一共可以拿到 56 万元。

小王少拿 30 万元的薪资来兑换公司的股份，为了鼓励他，公司可能会赠送他比如 10% 的薪资，30 万元的 10% 就是 3 万元。那么一共可以兑换的薪资就不是 30 万元，而是 33 万元了，那么公司如果估值 500 万元，33 万元占比就是 6.6%，看小王的收入是不是比以前他只拿 50 万元的年薪要多？

这里想通过这个例子说明什么呢？一个企业的股权激励方案，目的是给员工实实在在的鼓励，不论从物质层面还是精神层面，不管是名还是利，都可以让更多的具有同样价值观的人团结在一起，大家拧成一股绳，一起把公司做大。所以我们的企业老板，不论企业大小，都必须设计和导入合伙人股权激励制度。

2.5 给了员工股权反而更不积极了怎么办

真正的股权激励是你在什么岗位干了多少年，这是作为激励的前提条件，你没在这个岗位上干这么多年，你是不可能被纳入合伙人名单的。

这个时候充其量给你一个预计授予的股权额度，至于你能不能拿得到这么多，要看你自己的。假设公司设定 3 ～ 5 年的目标，你这个岗位需要岗位价值评估，评估的目的在于量化你这个岗位能为未来达成这个目标贡献多少价值，占比是多少。至于你能不能拿得到这么多的股权，要看你真正为这个目标贡献了多少价值，这才叫股权激励！

所以股权激励不是基于过去的贡献，而是基于未来的创造。有的老板怎么做呢？他头脑一热就开始分了，后来发现分错了，不公平了，到时候想退也退不回来了。

他说："怎么会这样呢？我好心好意拿这么多股权跟大家伙分，不但没有提高大家伙的积极性，你说不好好干就算了，怎么还不如以前了呢？有的居然认为自己是股东了，不仅不好好干，还对下面的人指手画脚，干涉企业的正常经营。"就是他股权激励的问题，只有激励没有约束。

所以基于未来的创造，第一点就是要设定企业未来的目标；还有就是设定你预授的额度，并设定考核的标准，能不能拿得到就要看你对这个目标创造了多少价值，然后进行一些评估，评估你最终能拿到多少，这不是根据你在公司干什么、干了多少年、现任什么职位评价的。

2.6 老板拿出20%干股依然留不住优秀人才

江苏的丹丹是一个大美女，她是开服装店的。后来她服装店优秀的店长都纷纷离职走了，她很着急，找到了我，向我咨询是什么导致的。

我就问她："你是如何设计店长激励制度的啊？"她说："我们店的成本一个月大概1.5万元，作为店长，我直接给他20%的干股做激励，谁承想能力优秀的留不住，能力差的我又不想要，我就想知道哪里出了问题？"

后来我给她捋了捋，她一高兴给了我五千元的咨询费，所以朋友们，这一部分的知识点至少值五千元！

首先店长提取利润是20%，如果第一年赚了80万元，店长分多少呢？16万元。如果第二年赚了60万元，店长分多少呢？12万元。

那第三年赚了20万元呢？她说店长分4万元。我说，第四年如果赚了10万元呢？丹丹这时候听出问题了，当然我也是这样给她解析的：

你直接拿出20%的股份给他，你没有设置保底，比如你们这家店的年成本是20万元，那么低于20万元就没得分。但如果超过20万元，你可以从超额部分中拿出20%给他做激励。但是人家如果能力强，超过了50万元，你依然拿出20%来分，那么你就没有激励性了，怪不得留不住有能力的店长呢。

为什么呀？因为店里的成本已经回来了，所以丹丹这个时候没有任何风险了，哪怕多拿出点钱来分，也没问题。

看出来了没有，就是因为她没有设置保底（这个保底可以设置平亏平衡，也可以比盈亏平衡多出一部分来），所以就因为没保底，才导致丹丹留不住优秀店长的。

大家看我是如何设计的：首先20万元的保底，超过20万元起步提取20%，也就是20万元至30万元部分提取20%，30万元至50万元部分可以提取40%，50万元以上可以提取60%，所以两个核心维度，一是超额比例；二是提取比例。

本人建议，凡是超出部分起提至少在20% ～ 30%，这样大家才有感觉，不然你的超额利润分得少，那干脆还不如不分呢。

然后再设置第二条冲刺线，第二条冲刺线建议要比第一条超额线大幅增长，比如翻番，不翻番就不够刺激，所以第一条线是超额线，第二条线是冲刺线。

2.7　绝对不能成为激励对象的人

绝对不能成为激励对象的人有哪些人呢？第一种人，股权激励是给高管、技术骨干、业务骨干的，他们能为企业带来实际的贡献价值，所以才给他们的。但是对于没有实际业绩的人，就不能成为激励的对象，一定要注意防止股权激励变成员工谋福利的手段和工具。

第二种人，我们随随便便就能招到一大批这种人来公司上班，他的岗位能被所有的人随意替代，那么这种人也是没必要成为激励对象的。

第三种人，就是这个人已经参与了股权激励，没有必要再重复参加股权激励了，这也是股权的稀缺性。如果这个员工重复参与股权激励，就会占了有限的资源，也就会影响股权激励的公平性，所以实施过股权激励的人员绝对不能再次享受股权激励。

以上这三个原则必须要记清楚。

有时候企业中会出现两种很有意思的人，这也是我这么多年在跟激励对象逐个谈话，了解他们真实想法的时候发现的。

第一种人：是小富即安，赚点钱就算了，没有考虑那么多，他这一辈子只想赚三五百万元就够了，然后拿着钱自己做一个小生意，再娶一个小媳妇，留着钱过日子，这种人你要不要做激励呢？你的公司一年赚 1～2 亿元，假如他有 5% 的股权，仅分红这一年下来就是 500 万元，他一下子就达到目标了，第二天你连这个人都找不到了。所以这种人，你认为可以做激励就做，认为没必要做也可以不做。

第二种人：对赚钱欲望很大，他绝对跟窜天猴（一种烟花）似的，业绩翻番往上涨，但是对于这种人如果股权激励太小就起不到作用了，倒不如不做激励，要做激励就要采取刚刚好，大家都认同的，这时候一激励绝对没问题。

我们总结一下，选择激励对象，既不能全员激励，也不能只激励几个人，怎么办呢？就是刚才讲到的这些，但是基层需不需要激励呢？

这个时候你可以选择分批分期地来进行激励，比如第一批只要在这个岗位上多少年（达到工龄）就可以被纳入；第二批就是公司的中流砥柱们；第三批才是优秀的个人，也就是优秀的基层员工。这就是企业中定激励对象的一些方式方法和原则问题。

2.8　如何设计岗位股激励模式

前段时间我受邀到四川成都的一家企业，企业老板是沈总。该企业是集研发、生产、销售、外贸于一体的发展型企业，目前公司员工200多人，年产值不到 2 亿元。我给他们的生产板块设计的生产合伙人基本法，营销板块设计的营销合伙人基本法；技术板块采用技术转化后的分成模式。全都操作完之后，我就给沈总留了一道难题。

我说："你看这段时间我给你分板块地设计了一些合伙人制度，那么如果没有职能部门负责管理，其他板块运作起来就很难，这就好比销售是自行车前轮，生产是自行车的后轮，那么职能就是脚蹬。脚蹬蹬得快，你的车子才跑得快嘛！那么职能部门怎么激励呢？假如公司每年拿出 100 万元给大家分，怎么分呢？"结果他一头雾水。

具体可以这样：首先得先理解，什么是岗位股激励，或者岗位分红，或者在职分红，只不过叫法不一样，但逻辑和做法都是一样的。

其实要知道在职分红，是给到岗位的，不是给到个人的，并且咱们采取的是身股模式，身股是以身为股，身股拥有的是分红权。分红权就是把分红分配给咱们公司的总经理级别以及他带领的部门经理、团队成员，而比较多的就是岗位分红，你在什么岗位，分多少红，这都是需要设计和制定的（常见的就是职能部门的负责人）。

分红权分为：在职分红、超额分红，这里咱们先着重讲讲在职分红。

在职分红首先要定一个分配比例，如果在一定的时间之内完成公司的利润目标或者公司的指标，就可以得到这一比例的分红。

得到这一比例的分红之后呢？再怎么下放到各部门、各岗位呢？这个时候就需要给各岗位进行价值评估，比如总经理、企划部、财务部、采购部、人事部、行政部，等等（这些职能部门和岗位），他们这些部门的负责人每个人能分到多少呢？这就得给他们打分了。

比如总经理800分、企划部400分、财务部300分、采购部200分、人事部150分、行政部150分，这样是不是加总就是2000分？

下一个步骤就是测算他们的各自占比了，总经理的800分除以2000分等于40%，那么如果公司拿出100万元来分红，总经理就可以分红40万元，其他的部门或者岗位以此类推就可以了。

这个打分环节比较重要，轻易不要自己操作，你怎么操作他们都会认为不公平，一旦产生不公平的氛围，公司的全体员工就会对此失去信心，到那时候即使你邀请我到你的公司全盘地、重新做，我也很难给你扭转局面。

如果公司年底分红的时候账上有盈利，但是现金却拿着置办土地、采购或者应收账款比较多，你没这么多现金给大家分红怎么办？后面6.6节会讲如何采取延期支付。

那么回过头来，在职分红的激励模式适合哪些企业呢？在职分红实际上就是股东把自己的分红拿出一部分来，分配给核心员工的一种激励方式。但是这种激励方式会对企业的现金流造成一些压力，所以在职分红的模式适合现金流比较充沛的企业，利润比较丰厚的企业，而且不想稀释自身股权的企业。

如果你的企业适合这样的标准，那么不妨试试这个激励模式，反正我给企业一对一设计的时候百试不爽。

2.9　增长潜力大的企业适合什么激励模式

前段时间一位企业家朋友姓赵，叫赵坤，他是参加我的特训营之后，邀请我到他的企业一对一设计并落地的。

我没有被邀请到他的企业之前，他就很苦恼一件事：企业没那么多利润，但是企业增长速度还蛮快的。股权激励不都是分钱、分红，企业没那么多利润还怎么做激励啊？

后来我到赵坤企业一对一设计完之后，他对我竖大拇指，说："你太棒了，还是专业的事交给专业的人比较放心，不然我自己瞎鼓捣又浪费时间，还担着风险。"

下面我给大家讲两种，类似赵坤企业这种情况，利润没多少，但是增长潜力不错的企业如何做合伙人股权激励！

一、股票期权模式

举个例子，互联网公司一般都是做期权，看中的是股权的增值和溢价，因为互联网企业开始是没有利润的，因此也就没有分红。

比如赵坤的互联网公司，按估值五百万元计算，折合五百万股，每股多少钱？1元，这时候就可以期权了。现在我可以让你1元1股来买，比如给你20万股期权，但是记住不是现在买，那什么时间买？这三年你必须好好工作，为公司持续做出贡献，三年后无论公司增值几何，有可能价值会涨，涨到5元，也可能涨到10元，你都可以按照今天约定的价格 1 元 1 股来买。

就是你在买公司股票的时候支付的是现金，实际上就是按照现在价格确定的，未来不管多长时间都可以用现在的价格来买，这也就享受了购买股票的极大优惠，这是行权。

行权之前有一个行权的禁止期，就是在这三年时间你得好好工作，这个三年就是行权禁止期。

行权的时候你开始交钱了。当你没交钱，没有行权之前，是没有分红权的；交完钱，行完权之后买到了股票，这就是实实在在的股票。没有行权之前，股权实际上没有发生转移；而行权之后，员工持有的股票一般是会拥有股权的全部权益，这个在协议里约定。

交完钱，行完权之后有一个锁定期或者等待期，锁定期内是不允许出售的。过了锁定期之后就进入行权期，也就是释放期，这时候你可能会想：我把手里的股票一次性套现走人吧。抱歉，那是绝对不可能的，因为还会有一个分期成熟机制，一般都会设定三年，比如这三年每年分别释放 30%、30%、40%（这里完全可以灵活设计）。

当你在行权的时候会有一个价格差，这个价格差就是你的利润，别忘了还得缴纳个人税收。

二、股票增值权模式

股票增值权就比较简单了，就是赵坤的公司给他们激励对象一种权利，如果公司股价或者估值提升了，那么激励对象就可以通过相应股票升值获得收益。

举个例子，如果是上市公司，比如你每股1元获得了10万股，如果股价上涨到每股2元，你的收益就是每股2元，10万股就是20万元，减去1元1股，一共10万股，等于差价10万元。赵坤说咱不是上市公司，那么这里就可以按照每股净资产作为底价，然后员工行权的时候每股净资产价格减去当时授予的价格，中间出来的差额就是人家应得的价值。

这部分差额是由公司拿现金来支付的。如果有效期内每股净资产价格降低了，当时给员工的每股净资产1元/股，现在0.6元/股，没有授予时候的价格高了，那么人家员工也就可以不行权，这只是给员工的一个权力而已。

这种方式实际上是不需要花钱购买的，员工只拥有这个权利，其他的权利比如表决权、分红权、处置权是没有的。

实际上这种方式也叫作虚拟股票增值权，这种方式不会稀释股东们的股权比例。当然这种方式是给激励对象现金的，也会有资金支付的压力，所以再配上延期支付就可以了，两种方式组合使用，就再好不过了。

2.10 公司拿出多少股权做激励比较合适

上海的韩东韩老板，有一次电话向我咨询，他说："我公司有个副总跟了我8年了，我现在准备给他股权激励，到底多少合适呢？"

我说："那你觉得给多少合适呢？"

他说："我想来想去，都跟我8年时间了，少说得8个点或10个点"。

我问为什么呢？他说是因为按照1年1个点来算的！

是不是有很多的老板都是这样做的？如果你也这样做，恭喜你，你完全给自己挖了一个量身定做的大坑。

其实很多老板都不知道到底应该拿多少股权来做激励，而且都是头脑一热决定的。还有老板请一些核心高管吃饭，在饭桌上就把股权分出去了，说：你5%、你8%、你10%……后来分着分着都分出去150%了，老板自己都没股权了，是不是？

更有甚者，老板做完股权激励，发现自己被员工踢出局了，自己的控制权都没了。你可别笑，这都是真事儿。所以我经常说一句话：你不做股权激励就是在等死；你自己不懂股权激励就瞎捣鼓，那你就是在找死，不信你试试。所以股权无小事！！

大家一定要明白，不管是公司拿出的总量，还是合伙人他们拿到的个量，它绝对不是头脑一热出来的，也不是自己估摸出来的，更不是随便张嘴就说出来的，这一定是要算出来的。

第一，老板大脑里必须要有股权控制，不能低于这几个点：67%、52%和35%。

第二，定好未来的组织架构了没有？组织架构是设定未来三到五年战略目标之后，如果要完成这个战略目标，需要多少人一起来做，需要新增哪些岗位等，这都是需要老板和团队去考虑和设计的。

组织架构对应的责权利应该是配套的，定好新的组织架构的时候，那么这个岗位的薪酬也应该计划出来。有一个原则大家可以记住，股权激励是激励岗位，人在岗位他就有，人不在岗位他就没有。

第三，就是要看公司的整体薪酬水平，如果公司的薪酬水平比同行略低，那么股权激励的总量就要稍微高一些；如果公司的薪酬水平比同行略高，那么股权激励的总量就可以稍微少一些。

第四，就是还要考虑公司未来三五年战略目标的难易程度，如果很容易就能达到，那么定的总量就要低一些；如果很难达到，或者需要团队付出很多的努力，那么激励总量就可以相应多一些。

第五，就是看公司的发展阶段，如果公司规模很大，发展比较稳定，即使老板拿出很小的一部分来做激励，绝对金额也不少了。比如你的公司资产或者每年的销售额几十上百亿元，你拿出 2% 做激励来就可以了。但是如果你的公司发展阶段比较低，公司的整体资产和体量比较小，你就可以多拿出一些股权来激励，不然公司体量小，你再拿得少，那就没有激励作用了。

第六，就是根据股东们的个人意愿，看看大家愿意拿出多少的股权来进行激励。建议涉及公司拿出总量的问题，一般是拿出 15% ～ 20% 的股权来做激励刚刚好，个别公司能拿出来 30% 来做股权激励，这也无所谓。

我在给企业实际落地的时候，同时要考虑的因素还有企业的行业性质：比如企业是餐饮业（15% ～ 45%，甚至到 60%）；比如制造行业，20% ～ 30% 的分红；比如贸易型行业，一般 1 套营销合伙人基本法就可以了；比如生产型行业，一般 1 套生产合伙人基本法就可以；比如技术型行业，一般采取的是技术成果转化后的分成合伙模式。那你的企业是什么类型的呢？我们需要仔细地去思考。

2.11 你不创造价值如何多分红呢

前段时间湖南长沙的庄总，参加我的特训营之后，就唉声叹气的。我问庄总怎么了？他说："我要是早些时候带我那个高管过来在你的特训营学习就好了，现在晚了。"

我说："怎么回事呢？"他说："当时我们公司才开始做，我看王龙这小伙子不错，就答应给他 10% 的股权。我们做了这么多年，从一家一年才盈利 500 多万元的小企业，做到现在 6000 ～ 7000 万元。后来我们公司打算挂新三板，要去注册股权，问题就来了，他只记住当年我说给他 10% 的股权，现在该注册了，他还想要 10%，公司都发展这么久了，肯定不能给这么多啊。后来我俩因为这事儿闹翻了，他就辞职了，他一走，我的业绩也不行了。他辞职说是去创业了，创的业也没做起来。"

就这个例子，听出有什么问题了吗？据庄总说，公司年年分红，王龙年年把钱拿回家，而这个庄总年年把分红都放在公司里发展了。

大家看这是不是增资扩股的一种方式啊，王龙年年拿走，庄总年年留下继续发展公司。公司越来越大，庄总的股权理所当然会越来越多，王龙的股权必然会越来越少的。大家能明白这个道理吧？大家记住就好。

比如皇帝带着某一个将军打仗，打下来 1000 亩的土地，分给这个大将军 100 亩土地之后，这个大将军就退休养老去了。后来这个皇帝能力很强，又招揽了很多大将军，打下了 1 万亩的土地，可是原来那个退休的大将军却找上门来跟皇帝说，想再多要点土地。

皇帝说："我就奇怪了，打下来的 1000 亩土地，我已经给你分配了，现在的 1 万亩跟你有关系吗？你真是脸皮很厚啊！"人性都是贪婪的，你想多要点理所应当，但是你也得理所应当地多付出一点。

2.12　员工买公司股权，按照什么价格合适

福建厦门的一个服装厂老板潘总，向我咨询了一个问题，他说："我们的员工想买公司一些股权，我应该按照什么价格卖给他比较合适呢？并且还要起到激励作用。"

我是这样给他回答的：如果企业净利润是 500 万元，卖给投资人的价格按 5 倍计算，也就是 2500 万元；如果卖给员工也按照这个价格，这就叫作平价激励法。

什么叫平价激励法呢？就是假设公司估值 2500 万元，你现在要到工商局注册 5% 的股权，那 5% 的股权值多少钱呢？ 2500 万元的 5%（125 万元），也就是假设你用 125 万元购买 5% 的股权，这就是平价激励法，谁也不占谁的便宜，价格是持平的。

反过来想，如果你按照 2500 万元估值卖给员工，他会买吗？你要记住，你是按照净利润的 5 倍估值的，这就意味着五年回本，这是

由投资回报率和回收周期决定的。

当然你还可以打个折扣，比如按照 2500 万元估值的 5 折来卖，就是按照 1250 万元卖给你的员工。如果公司每年净利润 500 万元，按照 1250 万元这个价格卖给员工，员工购买后基本两年半就可以收回本钱了。

如果是互联网公司，更看重的是增值的溢价，那么可以按照估值的 2 ~ 3 折卖给员工，这种方式叫什么？叫作折价激励法，这个折价激励法就是把公司的估值打个折扣卖给咱们的员工。

我有时候给企业是这样操作的：买 5 赠 1，你买 50 万元，公司赠你 10 万元，这种方式就相当于打了 83 折；买 10 赠 3，你买 50 万元，公司赠你 15 万元，这种方式就相当于打了 77 折；买 5 赠 5（买 1 赠 1），你买 50 万元，公司赠你 50 万元，这种方式就相当于打了 50 折。通常情况下，我们都是买 1 赠 1。

当然有人说："我们公司的员工有的来的时间比较长，有的来的比较短，怎么办？这个价格怎么区分啊？"来的时间不一样（工龄不一样），他们的价格能一样吗？肯定不一样。咱们可以根据工龄来定，工作的时间越长价格肯定越便宜，这代表对过去跟着公司一起工作的时间的认可。

比如公司估值 500 万元，以 2 倍 1000 万元来卖，别看是 2 倍，这可相当于是 2 折，够低了。1000 万元等于 1000 万股，1 元 /1 股。如果工作低于 2 年，可以按 1 元 / 股；如果工作 2 年至 5 年，可以按 0.85 元 / 股；如果 5 年以上，可以按 0.6 元 / 股。这就是折上折，懂了吗？这就是针对员工跟公司工作的时间长短来进行设计的。

说到股权，员工必须要出钱买，大家知道为什么必须要出钱买吗？一定要记住，交钱才能交心，实际上钱这个东西是检验他对公司忠不忠心、认不认可公司和老板以及检验人性最好的方法。有的人想买却是没钱怎么办？可以借、可以期股、可以银行贷款。

为什么出钱买？要的是员工的钱吗？要的是他的心，不交钱怎么交心呢？如果没出钱，哪天这个员工如果遇到事不开心了，可能就跟你提出离职。为什么？他不出钱根本就没参与感，你还得天天给他做思想工作。

有员工说老板我想跟你干一辈子。你可以说想干一辈子那就买股权吧。如果他说还是算了吧，那不都是白说吗？掏钱买才是最实在的。

如果他认为股权价格定得高了，那么统一按照最低标准，比如公司年盈利100万元，不增加倍数，直接实打实地卖，让他买5%～10%，这证明什么？证明一年的时间就可以回本了，回报率可是实打实的100%，如果这样他都不会买，记住，你这个时候可找人来顶替他了。

因为各种方式都不买，那他就绝对不会长久在公司工作。他不仅待得不会长久，而且极有可能还会把你的团队带走。或者他走的时候，可能会跟其他所有他认识的员工去煽动说公司的不好，带来很多负面影响。所以这个时候你要尽快找人替代他的位子，有了合适的人之后，他也就该走了。

2.13 员工买了股权之后如何退出

北京的李超李总，犯了一个老大难的问题，怎么回事呢？当初他为了激励总经理小付，让他出 20 万元买了公司 5% 的股权，这 5% 的股权价值可不止 20 万元。后来小付工作能力挺好，干了 3 年，公司从一年 1000 多万元销售额，干到年销售收入 5000 多万元。

小付干了 3 年之后想辞职，这时候给小付退多少钱呢？提前也没有约定，李总就犯愁了。后来李超说：“小付，你当初投资 20 万元，这样吧，我给你退 40 万元，这样你也收益三年翻一倍了，相当于一年 33% 的收益，非常高了。”

小付说：“那不行！当初你公司一年才 1000 万元，现在一年 5000 万元，翻了五倍，你不给我退 5 倍的钱，我可不会走，我得闹腾你。”后来两个人商量来商量去，最终退给了小付 80 万元，小付这才离职走人。

李总后来找到了我，让我给他公司一对一上门设计了全套的合伙人激励制度。目前他公司的合伙人进进出出，团队人员很活跃，不像有的企业青黄不接、内部拉帮结派，而且还遇到人才和业绩瓶颈。

那么，我们在股权激励机制中怎么约定退出价格呢？其实有以下几个价格标准。

第一个，是我当时投入的本金再加上一点利息，算我退出的价格。

第二个，是根据我退出的时间，看看公司的每股净资产是多少？我持有多少股？然后按照这个价格算我的退出价格。

第三个，是你可以按照上一次融资的时候，公司的估值是多少或者这次的融资估值，然后再打一个折扣，比如2、3折或者3、4折，这就合理了，这样给我退出价格。

这都是对退出人员比较仁慈的方法，但也不能总这么仁慈，你得分析一下我是善意退出还是恶意退出的，如果我是善意退出，那么你仁慈点也没问题，将来还是朋友，还是兄弟。

但是如果我是恶意的呢？我故意出卖公司，故意泄露公司秘密来赚取个人的利益，拿公司的钱去利益输送，等等。这都是非常恶劣的。如果发现有这种情况，那么你退出的价格说不好听的，不让"净身出户"就算好的了，那时候你可以只给退一半的本金，或者一分钱不退，并且还应要求退出人员必须配合公司办理相关的股权转让手续。

我们做的股权激励有可能设置的是分期成熟，比如说3：3：4，今年给他退30%，如果第二年的30%他还没拿到，就恶意犯了错误，这个时候你就直接取消他第二年的30%和第三年的40%。取消之后，没有转成股份的基本就不给了，然后下面该说说他已经拿到的这30%股权了。

比如未转股部分被取消，已转股部分要转让给公司或者大股东，并且由公司或者大股东来支付相应的价款。如果是采取代持的方式，那可以直接解除代持协议，代持还是比较简单的方式。

复杂的方式，比如员工通过一个平台，你做股权激励的时候直接让员工成为持股平台里的合伙人（放进一个有限合伙企业里面做一个有限合伙人），那么他必须要签署一系列的法律文件，法律文件签署完之后还要进行工商变更登记。大家发现即使签署股权激励协议还是不够，还要修改公司章程。

这一套全都很严谨地做完之后，才是整个的一个系统，所以不要认为股权激励就是分点钱、拿点股，千万不要这样想。

2.14 员工离职不把股权留下怎么办

甘肃一家企业老板电话跟我咨询："我有一个员工，当时我们对赌，他如果完成年销售 500 万元，我给他 10% 的股权，谁知道那小子工作能力挺好，8 个月就完成了业绩目标，我也兑现了我的承诺，把 10% 的股权给他注册了。谁知道他第二天就提出辞职，这样他不就是躺在股权上睡大觉吗？啥事也不干，坐等分红啊。我让他配合我把股权留下，不就是怕等后期公司越做越大，到时候他回到公司闹事吗！就这个问题，如果员工不配合退出怎么办？"

当时我问这个老板："你没有违约条款吗？"

他说："没有啊，那时候连协议都没签。"

我说："坏了，如果没有协议，也没有一些违约条款，那么员工不配合，你就一点办法也没有了，你要么和员工协商、要么付出高昂代价、要么就走诉讼程序。"

所以做股权激励涉及退出的时候一定要有违约责任。

如果员工没有按照约定的条件、约定的时间、约定的价格、约定的方式退出，那么员工就向公司赔偿严重的违约责任。比如赔偿不低于人民币 50 万元的违约金，这样违约成本就会很高，员工就不敢不按照约定的条款来执行，不敢不按照约定的时间、价格、方式来履行职责。

所以企业在做股权激励的时候，一定要约定股权激励的退出机制，这能够直接影响公司的股权稳定，也会涉及股权的安全治理问题，真的不是小事。

当然除此之外，还得签署一些其他的合同，比如，一定要签署劳动合同，所有的股权激励，都是建立在这个员工在你公司工作的前提下，建立在你公司正常任职的前提下，如果没有劳动合同就不存股权激励。

同时还得签署分红协议、保密协议、敬业禁止协议，等等。这个保密协议，比如员工泄露了公司的一些经营秘密，包括财务信息、客户（用户）信息等，这些都是必须要约定清楚的。

为什么要签这个协议呢？主要是员工作为未来的准合伙人，准股东，就会接触很多公司的信息，这些信息如果被竞争对手知道了可能会产生很大的威胁。大家知道打仗，知己知彼百战不殆，你的所有信息对手都知道了，而你关于对方的信息什么也不清楚，你会很被动，对企业来说非常危险。

还有竞业禁止协议，这个协议大致就是员工如果不在公司工作了，他在一段时间之内也不能到同行公司去工作，不能到竞争对手那里去上班。为什么？因为员工对原公司太了解，这是第一；第二就是他可能掌握公司的一些技术、渠道、用户信息、客户资源等，如果员工到竞争对手那里去上班，是绝对不行的。那什么时候可以去呢？过了约定的时间员工才能去上班。

当然为了约束员工不去同行公司工作，公司也必须支付他一些对等的费用，这个费用叫补偿金，如可以给他原工资的1/2或1/3，但是切记，不能低于他原工资的30%，这也是劳动合同法里规定的。当然如果不给这个员工支付补偿金，那么他就可以随便到同行公司上班了。

实际上，如果我是公司的激励对象，是你公司定的合伙人，年年我拿着分红，月月我领着工资，公司一切信息我还了如指掌，如果我要不干了，去同行公司上班，你愿意吗？你肯定也不会愿意的。

一些大公司也会签署什么承诺书，当众承诺。当然签这些不是目的，只是为了大家能够合作得更愉快，能够心无旁骛地去为公司做出持续的努力和贡献，在企业不断成长的过程中来体现自我的价值，来赚取我们应得的那一份利益或者财富。

2.15　连锁店面的股权扩张之路

连锁企业的股权激励怎么去做呢？实际上连锁企业是非常适合做股权激励的，而且股权结构也相对简单。就拿健身集团的例子来说，老板出一部分资金，店长和管理层出一部分资金，新的一家店面就开起来了。

连锁店面的老板一定要记住，凡是店长，或者分子公司的老总，必须让他出钱入股。掏多少钱入多少股呢？这个比例建议最少是10%。

比如你的公司总共注册资本是100万元，你要让这个人为公司操心，也同时为自己操心，那么他最低也得出10万元入股，这个钱他出了跟没出，差别是非常非常大的，差在哪里呢？

可能你作为老板自己不差钱，但是对于他来说，这10万元可能是他这几年每个月几千元工资里面省吃俭用存下来的，说不好听的，可能他的这个钱是打算买房子、结婚的。

如果他出了这个钱，他是不是很在意这个钱，很在意这个公司或者这个分店呢？如果这个店他不好好经营，那么他会怎么想呢？千万不能不赚钱啊，我的钱都投里面了，我必须要努力工作，把公司的利润提高起来。这样他就自己来激发自己了。

如果他没出钱呢？是不是他作为总经理或店长可能会吃里爬外，或者暗地里利益输送？这就是委托代理风险！因为他没有投资，他只是一个打工的，工作消极、利益输送、不当回事，赔和赚跟他没关系。

比如100万元投资的店，店长拿10万元，我们能不能采取：他出了10万元，买了10%的股权，可以采取买10%送3%？或者买15%送6%，买20%送10%（这都可以灵活设计）等。

这样做有什么好处呢？这样做是让这个总经理或者店长，多拿钱还是少拿钱呢？肯定是多拿钱呀。但是这里一定记住，这个 10 送 3，15 送 6，20 送 10 的"送"，不是白送的，是要有条件的。

比如按照时间指标来说，必须要干满三年；比如按照业绩指标来说，三年里每年必须完成多少多少业绩或者利润。他今天买 20%，你送他 10%，这个 20% 是他的资金股，分红的时候按照比例参与分红就好了。但是这里送的 10%，首先他必须连续干三年，每年必须要完成 100 万元的任务。

这样算，一共不是 10% 吗？今年他完成了 100 万元，你给他转成实际股 3%；第二年没完成，那他实际完成了多少呢？比如完成了 80 万元（80%），可以给他 3% 的 80%，也就是 2.4% 的股权，但是如果他的业绩完成率低于 80%，可能设定就没有了。

当然你也可以设定低于 70% 就没了（这个灵活设计就好了），第三年如果完成 100% 的业绩，那么还剩多少？还剩 4%，就可以一次性给到他，这样这三年下来，中间有一年差一点完成，所以他最后得到的股权是 3%+2.4%+4% 等于多少？ 9.4%。

当然，如果他要超额完成了 100 万元业绩目标呢？超出部分你别忘了有超额激励，这实际上算下来，也算是一套成熟的激励方案了。但是相比之下，还差点火候，差点什么呢？

连锁店扩张模式里的核心不是复制店面，而是复制人才，所以我们可以设定人才复制的考核指标。比如总经理一年必须培养两个合格的店长；店长必须培养两名储备店长。

店长有了，管理层有了，店面的人才都有了，每个人都经过考核达标了，这个阶段可能就面临选址开新店了。

我经常这样做，上面说的是店长必须要投资对不对？这个时候你也可以规定新店的管理层也必须参与新店的领投，比如 3% ~ 8%，当然每个人要根据自己的资金情况来适当地投资。

这个新店的店长和管理层是要到新店去工作的，那么他们是作为领投，然后我们也可以帮助他的店做一下宣传，告诉其他所有的店。比如其他店的店长、店员都可以跟投，可以规定每个人最多投资多少钱，或者每个人最多投资多少百分比。比如跟投的员工不能超过 2 万元，或者不能超过 1%，当然这只是资金股的投入。

店里的在职分红呢？比如店长 10%，管理层 20%，再有一些跟投的人，比如 40% 吧，那么老板是不是要投资 60%（也就是 60 万元）出来？这是资金股层面！

为了更好地激励新店的团队，你可以采取买就送的方式，也可以采取在职分红的模式。不管哪种，你作为老板能不能再拿出 20% 的分红股来激励这个店的一些员工呢？比如店长、管理层等。

为什么这样设计呢？因为店长投入了，他不好好干，资金会损失；管理层也投入了，如果经营不起来自己也会损失。再加上他们还有在职分红的额外的分红激励。

你算一笔账，一个店，大部分都让员工拿了，老板出的钱多、拿得少，店员们出的钱少、拿得多，这样就会使这个店里所有店员们干劲十足，他不可能不好好干。

前面说到其他店里的店长、店员都可以参与跟投，这是为什么？

为的就是能够让跟投的伙伴们一起来监督这个新店的店长和管理层。他们要是不好好干，别说自己赔钱，跟投的人也会跟着赔钱。如果他要是让我们跟投的人赔钱了，我们都不会放过他，他们自己更不会放过自己了，对不对？

这样才是一整套系统的、连锁的、股权扩张的模式，出大钱、占小股、做数据、现金流。

2.16 企业走下坡路做了激励也没用

有人经常问我，什么时候导入股权激励最合适呢？在我看来，不论你的企业是处在初创期、发展期、扩张期还是成熟期，都需要股权激励。比如创业的时候，小公司无资金、无技术、无品牌，靠什么吸引人才谋求发展呢？靠的就是股权激励，给不了员工现在，还给不了员工未来么？

公司早期的时候，不仅是缺钱、缺人、缺品牌，那个时候产品都不一定成型，或者商业模式也不一定被市场认可，而且公司规模小，跟大企业根本没法比，所以这个时候风险相对是比较大的。

没钱怎么用高价来招聘优秀的人才呢？小米的雷军曾提到：创业的时候股权和梦想一样重要，释放股权做激励，找到合适的人才比什么都重要，还有早期做股权激励成本比较低，这个时候股权不值钱。

实际上我们就是要通过股权激励的机制让大家都成为这家公司的主人，把大家的命运捆绑在一起，未来一旦成功大家都能享受到好处，换个角度来说，现在各行业的竞争非常激烈，人才的竞争是企业发展的重中之重。为什么员工不能像老板一样为公司操心呢？

老板觉得钱已经分得够多了，但是员工不会这么认为，他会觉得大部分都被老板拿走了，他只拿了一小部分，所以股权激励就是让员工从为老板打工变成为自己打工，觉得这是自己的一份事业，不仅仅是一份工作。

这个时候我们做股权激励不仅可以调动现有人才的动力，还可以吸引行业优秀的人才加盟公司，帮助公司更快地发展。

企业一定是先有了吸引和留住人才的制度，才会有人才不断加盟，而不是等有了合适的人才以后才想着怎么样去做激励，这叫先有梧桐树再有金凤凰，所以没有股权激励，没有人才加盟，也就没有可能做大做强。

还是那句话，那些大型的企业，他们之所以做得这么大，是因为他们导入了股权激励才有可能做得这么大，而不是做这么大了才导入股权激励。

今天我们讲股权激励，导不导入你说了算，但是千万要记住，什么时候导入都可以，就是不要等到你的企业半死不活的时候导入，什么意思呢？

有很多企业找我咨询，让我帮助他解决股权激励的问题，或者解决人才激励的问题。我问他觉得股权激励到底是在初创期做还是在高速发展期做，或者是在稳定发展期做，抑或是到快要衰退期来做呢？

他回答说："应该是在高速发展期做，或者在稳定期做。"他的想法很好。但是我发现一个问题，绝大部分都是到了高速发展期或者衰退期再做。那如果你到了衰退期再做，会出现什么情况呢？行业开始下滑，行业下滑你的市场就下滑，人才肯定也会下滑，从而人才开始流失了。

这个时候想起来了，怎么留不住这些人？这样的老板，就是创业容易守业难，永远不知道居安思危！这种情况还怎么做股权激励呢？做了效果也不会好，为什么？

即使你现在开始做激励，你也不可能留下人的，你在公司发展期、扩张期的时候不导入股权激励，不让兄弟们跟你一起多赚点钱，等现在公司不行了想起兄弟们来了，让兄弟们跟你一块干，谁会干呢？

我们只能早期的时候来设计股权激励，并且早早地就和公司的人才建立利益、事业共同体，这样即使在公司后期的衰退期，大家依然会抱团取暖、共渡难关；或者在行业不景气的时候，大家还是合伙人，也会共同的来开拓新的利润增长点，通过整合、并购来达到战略转型，这样你的企业才能生生不息。

2.17 如果打算导入股权激励，应该提前做好什么准备

我接到企业家朋友给我打来的电话，说："我们要导入股权激励，你给设计一下呗。""没问题！"然后我紧接着会问："你做股权激励的目的是什么？"为什么要做股权激励，目的一般会很多。问完目的之

后，我下一步就会问："你的企业发展规划是什么？未来三到五年甚至更长远的规划是什么？"

企业要有自己的发展规划，如企业的未来3年规划、5年战略发展，这都需要企业老板和团队成员共同制定。

这些规划、计划在制定的时候就会设定目标，而企业设定目标一定是根据其发展战略而来的，这个目标千万不要是过去的，要重新制定未来的目标，股权激励不是基于过去的贡献，而是基于未来的创造，所以企业要有未来的目标，要创造未来。

被咨询时，我经常问什么问题呢？比如你们是做什么的企业，你们涉及行业每年大概的增长率是多少，今年销售额大概是多少，今年利润大概是多少，未来三到五年规划是什么，未来五年后市场环境如何，未来五年营收目标多少，如果达成目标需要什么样的组织架构？

如果你要导入股权激励，这些问题是必须提前做好的一些准备工作。企业做身股激励落地的时候，我是这样的思路：

第一，企业估值。

第二，虚拟多少股，这里一定多一些。为什么呢？假如你把公司虚拟成10万股，5%是多少？是5千股，听起来是不是不太多？

那咱们换一种方式，你把公司虚拟成1亿股，5%是多少？是500万股吧？比例一样，数量不一样，获得感受就不一样，所以建议多虚拟一些股数出来。

第三，定公司的总业绩目标。

第四，提取激励总额度。

第五，确定激励对象的预售额度。

第六，规定能拿到激励的条件。

第七，分红时一定要采取可分配利润。

第八，如何分期成熟转注册股。

第九，成为真正的合伙人。

这就是整体的股权调研与设计的一些核心思路，当然还有很多，比如颁发股权证书、签署相关协议等，还有什么参与感、获得感、荣誉感……这些相关的感受也必须要有。

2.18 为什么必须要和下游的经销商建立事业合伙人

每个人的资源是有限的，所以一定要对社会资源进行整合和利用。

第一步是内部激励；第二步是外部激励，外部激励的核心就是你的下游经销商们。在整合之前，你要思考为什么要和上下游达成战略合作，合作的目的是什么？这些你必须思考清楚，争取能够达到多赢。

那怎么才能和下游经销商们建立事业共同体呢？要如何对经销商们实施股权激励，具体应该怎样实施股权激励呢？实施什么样的模式比较好呢？

首先得了解什么样的企业才适合做下游经销商的激励。记住，并不是所有企业都适合经销商激励的，或者你们就没经销商，直接面对的消费终端，那你做激励只能做终端激励了，这是另外一个层面的话题了。什么样的企业呢？

一般来讲一些消费领域，比如酒类、家具类、电器类，当然也不仅仅局限于消费领域。如果产品服务在市场上的推广渠道等非常依赖经销体系，那不也得天天地寻找全国的合伙人，一起做股权咨询事业吗？是一样的，这样他也是咱们股权激励的对象。

那么怎么来对他进行激励呢？首先是选择什么样的激励模式，比如关于业绩类，可以选择业绩股票：达到多少业绩，可以参与多少分红；或者达到业绩，可以参与分红和少部分股权；又或者达到业绩，可以选择全要股权。

其次比如采取虚拟股权转期权：根据达成的业绩参与总部的利益分成，当然如果业绩都能达成，也就有资格享受一定的期权。

如果是实股激励，就需要采取业绩考核与分期成熟机制。这就是你的目的不同就选择不同的激励模式，目的不一样，激励模式也就不一样。

再如定价、定量、持股形式的问题，这就需要根据实际情况再定了。

最后有一些注意的点，就是同一时期的经销商，你必须要控制他们的纳入资格，也就是他具备了资格才能被纳入激励范围。然后根据退出机制，要合理安排关于退出的方式和退出的价格。

2.19　想做股权激励，但是员工没兴趣怎么办

并不是每个人都喜欢股权的，有些员工可能就喜欢现金，也不能只有这一种激励方式。

实际上，股权不仅仅是身份的转变，通过激励股权还会给员工带来更多的金钱、利益、物质的回报。

当然，如果你的公司做股权激励，送股权员工都不要，更别说他会有兴趣出钱买了。那到底是什么问题导致的呢？

我现在免费送给你阿里巴巴1%的股权，你要不要？别说你要，谁都会要，当然我也不会给你呀！

为什么阿里巴巴的股权我们都毫不犹豫地要呢？答案是你对这家公司的价值是比较认可的，对其未来发展是比较有信心的。

那好，你的员工对公司是不是比较认可？对公司未来的发展有没有信心？对公司老板认不认可？这些问题直接导致员工对公司一个整体的认知。

假如公司一直经营状况不好，那么员工可能就会认为公司没前景，把钱投进没前景的公司肯定是错误。

员工对公司没信心，对公司发展理念和价值观都不太认可，既然这样，那么员工干着也就没意思，心里就会着急憋气，能力展现不出来。

如果员工对老板没信心，比如老板经常说大出小、出尔反尔，老

板的形象就会在整个公司里产生负面影响。

当然也可能就是股权估值过高了，员工觉得不值得买或者买不起。这里有两种原因：

一种是公司确实值这么多钱，比如公司的固定净资产就有一亿元了，这时1%的股份，员工也要拿100万元来购买，这对于绝大多数打工者来说是承担不起的。

另一种就是确实估值过高，公司不值这么多钱，比如员工觉得公司只值200万元，但是老板估值500万元，这样员工就不会愿意要，会觉得不公平。如果激励对象觉得没有得到自己应得的，觉得给得不合理、不公平，那么他心里肯定会不舒服。

如何分得公平呢？就按照我前面所说的内容，认真地学习就会设计出属于自己公司的激励方案了。当然也有可能就是员工没有真正认识到公司的价值。

假设公司不赚钱甚至是亏损，那么这样的公司能投资吗？谁买公司的股权不是对公司有信心，出钱赌公司的未来？既然连续亏损，员工没信心，所以他才不会买的。

公司不赚钱，甚至连年亏损，这样的公司也有很多。你会不会认为公司赚钱了，大家有钱分，股份就是有价值的？公司不赚钱，没钱分，股份就是没价值？

这你就错了，为什么？京东曾连续六七年的亏损，为什么它的股权价值年年水涨船高？

员工没有认识到股权的价值，也是对股权不感兴趣的一个重要原因。在我们了解员工可能对股权不感兴趣的原因之后，应该怎样去解决呢？

股权的价值远远不止分红这么简单，甚至公司一旦进入资本市场或者是上市，那么将会给员工带来不可估量的价值；同时它更是让员工从身份上得到转变，从雇佣关系变成合伙关系，并以此享受股权带来的荣誉、利益等这些好处。

那么建议先导入分红股来树立榜样，有的可能先给虚拟股，然后再给注册，这是我一直所倡导的对双方都有利的方式。给大家相互考察的时间，通过一段时间的磨合，老板把股份给到真正有价值的员工，同时员工也需要考察老板，从而不用担心自己投资的钱被套牢而承担风险。

最早激励的一些员工享受股权激励所带来的好处之后，就会对其他的员工形成吸引力。

企业一定要合理地定价，如果定价过高，那么我建议把价格降下来。因为团队内部导入股权激励主要是想通过这套机制去激励员工以留住和吸引人才，并不是为了从他们身上去赚钱。

比如企业现在作价 5 亿元，这是对外部投资人的价格，但是对内部团队的定价可以是 5000 万元，相当于一进来就赚了 10 倍，也相当于打了 1 折，对团队成员来说非常有吸引力，同时也会觉得老板有格局。

还有一种原因可能是员工错误地以为老板的定价过高，这时老板可以请第三方的专业机构来做价值评估，或者直接把一部分的股权按照目前的价格对外以一定的溢价卖出去，使内外部形成一个对比，让员工明白这个价格是没问题的。

第3章 资源合伙设计全案

3.1 什么是资源合伙人

朋友咨询我说："我有一个朋友，他有 500 多平方米的物业不知道干什么用，已经空了好长时间，我想找他谈一谈，让他用物业入股，我给他股权，但是我不知道怎么设计比较好。"这种情况数不胜数吧？

那么什么是资源合伙人？所谓资源合伙人，就是他手里掌握着一些资源，而你正好缺少这些资源，所以你可能就会跟对方去谈，希望给他股权，让他成为你的合伙人！

但是要注意，资源合伙是有一定风险的。有时候对方答应得好好的，你把股权给他了，但是他没有兑现资源，或者故意不兑现，又或者他就没有所谓的资源，就是个大骗子，你怎么办？

再说现在市面上骗子比较多，他们的成本极低："张总啊，我在当地各种渠道的人都认识，咱们要是合伙，我保证你没问题。"但是当你的事情落实的时候，原来的渠道换人了，或者他根本就不认识人家，你这股权给了不确定的人，到时候股权再变更来变更去，你麻烦不？

其实资源要单纯地区分，大致也就三类，一是市场资源，二是社交资源，三是资产资源。关于市场资源，后面 4.3 节会讲到业绩怎么兑换股权。

先来说说社交资源和资产资源，这两种资源，一种是当即就能兑现的资源，一种是未来才能兑现的资源，包括市场资源，它也是未来才能兑现的。老板一定要记住，当时能兑现的资源就当即给他股权，未来才能兑现的资源，那就设定条件，达到条件之后再给他兑换股权，切记！

3.2　寻找你的目标资源

资源都有哪些呢？比如流动资源，有资金、货物；又或者闲置资源，有物业、厂房、机器设备；又或者市场资源，有经销商、渠道，等等。

首先你的公司是做什么的？你需要哪些资源？比如你是红酒商家，上游供货商可以用酒水入股；你做餐饮连锁，像供货商、房东、装修公司，这些都可以入股！

下面来讲一个实例，有这样一家公司，是做网红孵化的，短视频、抖音，代运营的，需要市场招募大量主播，也需要在当地大做广告，需要充分地宣传。而这个时候，如果你是这家公司的老板，你会怎么想？如果有一家媒体公司跟我合作就好了，最好是户外的大型广告，或者商业楼宇的电梯广告，而且覆盖面越大越好！

因为这家公司的需求出现了，所以就要在自己的朋友圈内寻找有没有做媒体广告的朋友。正好有个朋友是做楼宇和户外广告的，它属于类似小电视的广告，可以电梯里播放视频，还支持语音的那种，这个广告公司在全市有 600 多块电梯广告屏幕，户外还有 6 块比较大的LED 广告大屏。就这样他们两家一来二去地进行沟通，最后这家公司邀请我到他们公司给当场设计的合伙方案，当场签字按手印确定了这件事，现在两家公司已经开始运作了。

所以，你要先寻找你的目标需求，你需要哪些资源来补短板。前几天有一家做连锁企业的老板邀请我到他的公司设计一套方案，什么方案呢？就是他想再开一家店面，总投资控制在 200 万元，仅房租正常来说一年需要 30 ～ 40 万元，正好这个房东并不缺钱，通过侧面试探，房东有意向以房租入伙，如果这样公司能节省一大笔开支。

所以资源就需要你来物色，你需要什么资源，就去找什么资源，去落实什么资源。

3.3 如何打动资源提供方

如果你的企业正好需要某种资源，那么这时候你会去复盘你的朋友圈，是不是有这种资源和你互补。又或者你正好发现某一个朋友手里正好掌握着你需要的资源，那么这时候你可能会主动出击去和他深入地聊一聊。

但是一定要记住，引入资源合伙人，实际上跟你去拉投资，去招聘人才是一样的，你怎么去打动资源方，才是这一节的重中之重。

首先，你俩的资源必须互补，你正好需要而他正好可以提供。站在他的角度，他假设不跟你合作，会有哪些风险或者成本，你应该替他去考虑，然后要做充分的说明。

其次，他的资源也必须要能够量化，什么意思呢？我举个例子，我有一块土地，估值 500 万元；我有一套机器设备，目前残余价值 80 万元。这些都是可以量化的，这个 500 万元和 80 万元就是量化结果。

你的项目是什么？目前公司盈利能力怎么样？未来 2 ～ 3 年的发展方向是什么？团队有没有导入合伙人股权激励？我作为资源方如果给你提供该资源，能给你的企业带来哪些实质的帮助，或者 2 ～ 3 年内业绩能提升多少？能创造多少利润？这些你必须要提前想到，并且拿本子记下来。

如果不跟我合伙，你的资源不能充分利用，就会闲置，而且没有任何的利益。你跟我合伙，赚取的分红经我测算比你自己去周转资源利益更大。

下面讲一个案例，某企业的张总约我见面之后，我说："张总啊，认识这么久了，咱们之间我就不客套了，你也知道我是做股权设计、股权激励和融资众筹设计的，知道我们一直在做这方面的咨询，对吧？我们公司打算换个地方，听说你开发区那儿有 500 平方米的办公室一直闲着，你是打算租出去还是打算自己干点事呢？"（记住，你说这句话的时候，他已经明白你请他过来的用意了。）

"我那500平方米的办公场地原本打算自己干点事，但是一直没有好项目，这不往外租呢，也一直没租出去。你想去开发区发展啊？"

"是的，我打算去开发区。你这样吧，我这股权咨询干这么久了，利润还是有点保障的，你拿你的500平方米房子的房租入股吧，这样你占点股，到时候给你分红，你赚得也不少。并且我到了开发区之后，附近两个园区的朋友我比较熟，每个园区现在入驻的企业大概300～500家。"

"我之所以过去，是想对园区里的企业深入开拓一下，如果一年内争取到100家企业，每家企业10万元咨询费就是1000万元。据我所知，你这500平方米房子市场价租金才30万元，正好我可以给你一些股份。你一年分红也差不多能到30万元，如果干得好，可能分红不止30万元。如果咱们之间不合伙，你房子一年之内如果租不出去，又没好项目，你可就白白浪费这些钱了。"

"并且我们公司内部已经找喜马拉雅平台上的'宝哥说股权'给咱们公司核心团队和优秀员工做了合伙人激励机制，你知道股权激励吧？现在咱们公司就是一个平台，谁干得好谁年底分红就多，干得不好就会丧失合伙人身份，所以整个团队的积极性都非常不错，而且是团队创造收益，所以整个团队也都是我的合伙人了。"

"还有一点，我今天请你过来，实际上咱们是作为朋友来谈的，毕竟房租这事，如果是不认识的人，我也不可能谈股权，我直接付房租就好了，对不对？我之所以和你谈，办公场所算是其一；其二，我说句心里话，让你加入还有另外一个目的，就是通过你，好好地深挖一下新客户，毕竟我做股权设计咨询，不论什么行业和企业，目的就是能够帮助更多的企业去做好发展。"

如果他只有物业、办公场所，你要记住，能给钱的就不要给他股了，毕竟股权还是比较稀缺的，除非像我刚才讲的那样，他还有其他的资源。

同样的道理，把刚才说的举一反三，是不是现成的一些资源都可以去聊一聊？但是切记，能一箭三雕的不要一箭双雕，能一箭双雕的不要一箭一雕。你拉一人入伙，不是资金就是资源，不是资源就是市场，不是市场就是渠道，一样没有，那要慎重考虑。

记住，使劲亮出你的优势，比如优秀的团队、优秀的项目，项目赛道不错，或者盈利能力不错，或者未来发展潜力很好，或者政策支持且有补贴的行业等，这都是能谈的一些内容。

3.4 资源如何量化

资源如何量化，这个话题也被无数人提及。说到资源量化，有些资源提供者，进入时需要打折；而有些资源需要测算之后给予一定的增值。比如北京四环内 500 平方米的物业，年租金 100 万元，它是以每年 5% ～ 8% 的速度增长；但如果是机械设备，它属于天然的资产贬值类，残余价值之后就需要再打个折了，比如 7 折、6 折。

假设我有一批电脑，新的 3000 元/台，用了一年多，二手价差不多 2000 元 / 台，如果这一批二手电脑折价进入，比如打个 8 折，又或者经过协商不打折也行，这都是合伙人之间协商的结果，没有死数。

下面详细看看都有哪些资源，它们怎么量化进入，然后最终怎么退出？

（1）合伙人提供办公场所的，按市场租金水平来折合费用，这部分最好是按照 3 年或者 5 年来量化，但最低也得按照 2 年，不然按照季度或者月度量化，等到了时间，对方不租了怎么办？

（2）外部顾问合伙人提供顾问服务的，参考提供服务的市场价格，双方协商定制。

（3）合伙人利用自己社交资源促成销售的，假设按提成 5% 计算，那么 1000 万元的销售就是 50 万元，这个费用他如果拿走，就没有股权；如果不拿走，那么量化结果就是 50 万元。

（4）合伙人自己的社交资源必须要落到实处，要计算它为公司创造的价值，计算出金额再去计算股份。

（5）合伙人用个人的资产为公司做担保的，款项到位后根据担保费用的市场价格给他量化，千万不要用贷款金额来算他的量化金额，贷款金额是公司需要按时还款的本金，不是投入。

（6）合伙人不领工资，也可以量化。合伙人之间协商量化结果，然后对应公司的估值，比例就出来了。

上述几点仅仅是常规的一些资源入伙的方式和量化标准，当然还有很多，等你遇到的时候，也可以联系我，相互探讨。

3.5　企业的估值与占比如何确定

如果我的价值量化之后金额是 100 万元，我跟你合伙，你应该给我多少股权呢？这就涉及公司的估值了。

我问过很多的企业，我一问，老板就懵了，他们其实对这个股权价格还不是太清楚，没什么概念，他们也不清楚自己的企业到底值多少钱。

为了大家更清楚自己企业价值几何，我们接下来说说企业的一些估值方法。

（1）未来现金流贴现：有很多创业型企业，到现在还没有产生利润，甚至连营业额还没有，那么这个时候我们这个估值应该怎么做呢？就是把企业未来每一年可以赚的钱全部归集到今天，时间远的就给打个低点的折扣，汇总起来就是企业的估值。

比如企业未来三年的现金流，或者交易额，加总是多少，基本估值也就在这个水平了。所以如果采取现金流贴现，一般是年现金流的 1 ～ 2 倍就可以了，这是比较公允的。

举例：假如企业未来三年的销售收入是 1000 万元、1500 万元、2000 万元，那么加总除以 3，再给 1 ～ 2 倍，基本就合理了（1000 万元 +1500 万元 +2000 万元 =4500 万元，除以 3 等于 1500 万元，然后 1500 万元的 1 ～ 2 倍，就是 1500 ～ 3000 万元之间）。

（2）未来净利润贴现：比如你的企业有一定的规模了，经营了几年且有一些利润，你就可以用企业的利润加上资产，再加上品牌的估值方式。

这个算法是怎么算的呢？就是企业前年的利润加上去年的利润，然后再加上今年的，3年的利润总和除以3得出来的一个平均值，拿这个平均值乘以5，为什么要乘以5呢？

假如你的企业一年利润是100万元，这100万元估值500万元没问题，所以拿这个乘以5再加上公司的固定资产，再加上公司的品牌价值，这样算出来的企业估值是相对比较公允的。

我们举一个简单的例子：比如你的企业去年的利润是200万元，前年是300万元，预计今年能达到400万元，那么加起来是900万元，再除以3等于300万元，然后再乘以5，企业这一步的估值是1500万元，再加上企业里面的固定资产（比如300万元），加上品牌价值（比如200万元）。

那么你的企业现在估值就是2000万元。假设别人要投500万元，你应该给多少股份呢？记住，这个时候500万元还没有投进来，你的企业已经估值2000万元了，如果别人500万元投进来，企业就值2500万元。那么别人500万元投进来只能占2500万元的20%左右，这是一种算法，是比较公允的。

刚才我分享的这几种估值方法，哪种适合你就采取哪一种，也可以两种叠加算出区间估值，然后不论是跟投资人谈判还是跟合伙人沟通，都可以按照这个价格区间来进行。

但是这里面又会出来两种人，一种是资源投入之后全职参与工作，一种是兼职或者干脆不参与工作。这个时候是需要有区分的，出资又干活的和出资不干活的，对应公司的估值价格是不一样的，这就涉及公司必须预留期权池，预留一定的股权给努力创造贡献的合伙人们，因为是他们给公司创造了利润。

要记住一句话：你出多少资金或者资产，多少价值贡献，占的一定是公司估值的一定比例。

股权比例是等于价值创造的，没提供这么多的价值，就占不了那么多的股权，假如老板确实给了他超额的价值，这对老板、对合伙团队来说都是致命的，切记!

3.6　期权池必须先预留

期权池必须要先预留，为什么呢? 举个例子，假设投资人想投资你，如果你没有提前预留，投资人进来之后再同比例稀释股权把期权让出来，谁愿意啊? 你是投资人的话，你愿意吗? 你肯定也不会愿意，所以必须要提前预留。

举个真实发生的例子：有两个人合伙做生意，他们是同学，一个叫王磊，出资 90 万元，占股 90%；一个叫刘飞，出资 10 万元，占股 10%。是不是大家没有学习股权的时候都是这么分配的?

他们两个一起开一个贸易公司，王磊出资后，做起了甩手掌柜。刘飞呢，全职去北京批发市场开始贩卖箱包。公司就是这样的一个流程。

第一年，刘飞给公司赚了200万元，王磊占90%分180万元，刘飞占10%分20万元；第二年，刘飞给公司赚了400万元，王磊占90%分360万元，刘飞占10%分40万元。我们看，是不是发现了什么不对呢？

刘飞找王磊，说："咱们的股权这么分我感觉不对劲，你啥活也不干，就投资了这个钱，每年分红也不少，这两年都赚了至少两倍了。我可是每天从早干到晚，起早贪黑，工资也不拿，分红到头来大部分让你分走了，我才赚个零头。这样可不行！我要求你再稀释一部分股权给我。"

王磊说："当初要没我投资这么多钱，你也干不起来，做人要讲良心啊！你想多要分红门都没有！"

通过这个案例，我们看是刘飞没良心还是王磊没良心？大家可以思考一下，如果这样继续下去会导致什么结果呢？

刘飞可能就会想，这么多年都是我负责零售和批发，渠道已经成熟，我这几年也攒了钱，不如自己就单干了。王磊可能会想，刘飞想多要分红门都没有，爱干不干，反正这几年也赚了不少钱。如果真像他们两个人这样想，最后分开，这就是双输。

所以你会发现当今的企业家，还一直采取这种方式，完全按照资金比例的方式来分配，已经过时，不能再用啦！如果再用企业根本就没有未来了。

回到刚才那个案例里面：王磊和刘飞2个股东，王磊投90万元，刘飞投10万元，于是就按照90%、10%来分配股权，这种方式公司不挣钱的时候问题不大，公司一旦挣钱了问题就会变得很大。

王磊占 90%，刘飞占 10%，王磊不干活，就刘飞自己干活，干着干着你会发现，刘飞心里就不平衡了。

抛开资金股层面，大家是不是应该共同稀释一部分的股权来激励在公司真正做出贡献、创造价值的那些优秀的管理人员呢，说明白了就是激励干活的那些人。

如果我是资金股投入了资金，并且还在公司任职，那么如果做激励，我需不需要被激励呢？答案是：肯定需要。股权激励是给到岗位的，我在岗位上是要被激励的，有一天我不在岗位上了，是不是谁有能力谁拿得到？这是股权激励的篇章，可以结合前面讲的职能、岗位股权激励设计全案一起理解。

为什么有人贡献多，有人贡献少呢？为什么有些人是全职，有些人是兼职，或者干脆有的人什么活也不干呢？这种情况久而久之就会在整个企业，尤其是在合伙团队之间产生严重的分歧。

这种例子数不胜数，股权分配以后每个人的贡献程度不一样，最终造成了团队内部矛盾，所以就需要更多地关注是谁在为企业创造价值？除了资本价值以外，人才是每个企业最大的竞争力，所以在分配股份的时候就要考虑人力资本或者干活的那些人的股权，这样大家才能够相处，才能把企业越做越大。

刚才我讲的是根据资金股，大家再稀释股权出来。实际上资源入股也是一样的。举个例子，张总 500 万元的资产入股，占 2500 万元的 20%，他只是入股了，没有全职，这时候是不是需要稀释一部分股权，留着激励公司内部的核心团队？这是必需的。

一般来说创业公司，尤其是 A 轮融资之前的公司，设置的期权池比例是占公司总股权 15% ～ 25% 比较适宜。

这个阶段的期权池设置成本较低，因为公司估值比较低。随着公司规模逐渐扩大，估值也越来越高，员工不断地扩张，这时候就有必要增加期权池的股份了。

3.7　合伙人之间的权力分配

这一节讲合伙人之间的权力分配问题，先举个例子，假设我先问张总："你这 500 万元的资源入股之后，是全职参与公司的经营管理还是不参与？"张总如果说"不参与"，那签署股东协议的时候，就可以同股不同权，比如张总分红权占比为 20%，表决权占比为 0，这就可以了。

如果张总说"我也全职参与"，这个时候为了保障公司的控制权，必要时收集表决权就可以了。比如跟张总签署一致行动人协议，或者投票权委托，或者公司设立持股平台，把公司的一众合伙人放在合伙企业中。

另外，如果公司不设立董事会，就得有一位执行董事，一般公司法人、执行董事和总经理是同一个人最好。

如果执行董事和总经理必须分开，那么在公司章程或者股东协议当中必须写清楚，执行董事有任选和罢免总经理的权利，这样你作为执行董事就很重要了。

还有股东大会表决的一些事项，必须写清楚，比如公司的重大事项，需要多少比例的表决权表决才能通过，等等。

当然这里有一个核心点，如果你作为公司的创始人，只持有公司25%的股权，其余股权你当时不会设计，不小心给分出去了，你持有的股权连1/3都达到不了，也没有一票否决权，怎么办？

这时候就需要采取绝对多数条款，比如公司重大事项必须经过4/5的表决权通过才能执行。你知道4/5是什么意思吗？公司一共100%，你持有25%，如果4/5通过，那么就必须80%通过才行。而你持有25%，换句话说你要是不同意，其他人即使股权全部整合到一起才75%，所以这时候你即使持有25%也是对公司有重大事项一票否决权的。

写好股东会的表决程序、执行董事的权利义务、总经理的权利义务即可，另外就是公司的资金使用权限。

公司的资金使用权限，比如总经理多少资金可以直接签字通过、董事长多少资金可以直接签字通过、超过多少资金必须召集股东大会。召集了股东大会，再通过前期的股东会表决程序进行事项的表决，这样一来就完整了，这些内容必须要约定清楚。

你不是律师，写不出这么多内容也没关系，你就按照你们股东的意志，哪怕每一条都是大白话也行，只要能真实地表达你们共同的意思就可以。

这一节没有更好的条款来说明，是因为条款都是制式的，倒不如这样详细地来解释呢。

3.8 退出条款必须要设计好

本节继续张总的案例，张总的 500 万元占公司 2500 万元的 20%，假设张总跟宝哥一样，是以股权顾问的方式入股呢？ 500 万元首先要有一个清单，并且要经过各位股东的签字认可。

举例：高小宝，顾问入股，工作职责是股权设计、股权激励、股权融资洽谈等。

第一，联合创始合伙人间的股权分配设计，价值 50 万元（10%）；

第二，团队内部合伙人的股权激励设计，价值 50 万元（10%）；

第三，公司对外的融资众筹设计并落实，价值 100 万元（20%）；

第四，公司下游经销商的合伙人制度设计，价值 100 万元（20%）；

第五，公司上游和资源方对接的设计落地，价值 200 万元（40%）。

如果我以这样的股权顾问方式入股，价值 500 万元，经过核算占股比如是 20%，那么刚才我说的权重百分比，就是我在约定的时间内完成哪一项，我就能获得对应的股权比例。比如我完成了公司对外的融资众筹设计并落实，价值 100 万元，权重 20%，而其他的工作都没有开始，或者不做了，那么我能获得的股权是 20% 的股权 × 权重 20%=4%，这 4% 就是我通过为公司的贡献获得的。我这种入股方式就是未来才能兑现的股权。

当然我这个未来才能兑现的股权，你也可以提前注册，三年到期再统一计算，对股权做一个调整即可。

还有一种情况，约定的时间没到期，或者没有达到约定的里程碑，资源入股的合伙人在中途就想退出，这时就必须要对他这种逃兵的做法打个折扣。比如我完成联合创始合伙人间的股权分配设计，价值50万元，权重10%，这时我要退出，就可按照50万元咨询费的1折或者2折，或者几折的折扣退出。

还有一些资产、资源入股，比如物资或者设备，也是要打一个极低的退出价格折扣的。当然如果大家一起努力了，过了约定的时间或者达到了约定的里程碑事件了，那么这时候就可以按照一定的溢价退出，但是这个溢价是在公司有融资的前提下，再给打个折扣。

比如公司刚刚确定融资的估值是1亿元，或者已经按照估值1亿元的价格融了一笔资金，这个估值就是确定的估值了，然后合伙人可以按照这个估值的折扣（比如2折、3折）退出即可。

为什么要打个折扣呢？第一，因为打完折扣之后，留下的相关收益是需要给后来的合伙人预留的，是为了给后来的合伙人激励的。第二，投资人跟公司签署了一系列的协议，什么投资协议、对赌协议、股权锁定协议等，投资人可以不打折，但是咱们合伙人没有签署相关的硬性协议，比较自由。第三，就是折扣低，可以让这个合伙人重新做出选择，从而可能为公司留下人才。

话说回来了，如果公司没有融资，或者没有确定估值怎么办？这时候就可以按照他当初投入的资源或者贡献的量化金额的倍数（比如1.2倍或者1.5倍）退出就可以了。又或者公司按当年该股东退出时公司净利润的2倍估值后，按该股东的持股比例退出。

比如像高小宝完成了联合创始合伙人间的股权分配设计，价值50万元，权重10%，获得的股权是20%的10%等于2%，等我达到约定的时间退出时，就可以按照50万元咨询费的比如1.5倍（75万元）让我退出（这是按照我贡献价值的金额倍数退出）。

或者按照公司当年净利润的2倍，比如当年净利润2000万元，2倍就是4000万元，我持股2%就是80万元。所以这时候有一个封闭期内退出，一个封闭期外退出。封闭期外有一个未融资退出，有一个融资退出。这些是正常的退出。

还有意外身故之后，假设股权不得继承，股权怎么退出？或者丧失劳动能力等，这些都需要提前设计。

当然如果我在公司合伙的时候吃里爬外，泄露公司秘密，被公司其他合伙人发现了怎么办？这个时候就可以召开股东大会，或者合伙人大会，强制地把我裁减，让以我"净身出户"的方式退出。

还有三种情况必须要清楚，并且要设计到协议当中去：

（1）不论封闭期内退出或者封闭期外退出，退出时公司资金不足时，则等待资金充足时再执行回购（回购权归公司所有）。

（2）如果某股东退出的时候，公司亏损，那么退出的这个合伙人必须要承担相应亏损之后再退出。

（3）如公司导致经营失败甚至破产清算，则还未退出的所有股东、合伙人应共同承担投资风险。

3.9 相关违约条款提前声明

关于相关违约条款的提前声明，实际上就几个点需要约束，并且要提前把违约责任约定到协议当中形成法律文件。比如公司有利润但是不分红怎么办？如果公司合伙人吃里爬外，私下另起炉灶怎么办？净身裁减退出的，他不配合办理工商变更登记怎么办？

针对以上三条，我们逐条来看。

第一，有利润不分红怎么办？确定分红时间、确定分红比例，再确定多久可以查看公司的财务账簿，违约条款可以这样设计：

比如公司（创始人）必须在规定的时间起，7个工作日之内按照约定的比例向股东分红。没有按照约定的比例为合伙人或股东分红的，则7个工作日后每逾期一天，公司（创始人）需要向其他股东每日支付1万元的分红滞纳金。

或者大概意思就是：在规定时间没有按照规定的比例分红，7个工作日之后每逾期一天需要向其他股东支付违约金（1万元、5万元、10万元都可以）。

第二，如果公司合伙人吃里爬外，私下另起炉灶怎么办？股东之间必须全心全力为本公司工作，不得私自或直系亲属开设与本公司相同或者相近的公司，或者开设关联公司，如有发现，则公司有权追偿该合伙人为公司造成的经济损失，具体损失金额由公司股东大会合理确定，包括但不限于直接或间接的损失，且公司有权保留对其起诉的权利。

再比如股东或合伙人一旦与公司解除合伙关系，不论强制或自动解除关系的，该股东或合伙人均不得参与公司任何的有关销售、市场、团队、研发、生产、公司运营、财务等的活动及事项，一旦有证据落实该合伙人退伙后还参与的，则公司有权追偿该合伙人为公司造成的经济损失，具体损失金额由公司股东大会合理确定，包括但不限于直接或间接的损失，且公司有权保留对其起诉的权利。

还有不会借用公司名义谋取私利（如私自接单、转单、拿回扣等），损害本公司形象。如果接私单，可以这样约束：凡利用公司资源接私单、转单、拿回扣的，属于该股东或合伙人违约，自违约生效之日起 15 日之内，需要向公司支付 30 万元的违约金或按合伙人私自接单的业务金额 50 倍计算，两者取金额高者执行。

第三，一旦公司有证据证明股东或合伙人触犯以下事项，必须"净身出户"。

（1）公司有足够的证据证明合伙人在与公司合伙期间，由于受贿索贿、贪污盗窃等行为损害公司声誉，给公司造成损失的。

（2）泄露公司商业秘密（财务、顾客、产品、技术文档、渠道等），散播不利于公司的谣言，强行利用合伙人资格之便参与公司的管理，私自接单、转单的。

（3）以任何形式（直接或间接）从事与公司或关联业务的公司相同或相近的业务的。

（4）本合伙期内，不参与公司的日常经营管理等（除公司安排或授权的除外），不得以任何理由影响公司的正常经营秩序。

（5）本合伙期内非经公司同意，不得到与公司有竞争关系的其他用人单位任职，或者自己参与、经营、投资与公司有竞争关系的企业。

（6）本合伙期内非经本公司的书面同意，合伙人不会直接或间接聘用公司的员工。

刚才讲到的这些一旦任何股东触碰，这属于公司的红线，必须"净身出户"，但是如果"净身出户"，他不配合办理工商变更登记怎么办？

我们可以这样约定：自股东丧失股东或者合伙人资格 15 日内，必须无条件地配合公司创始人办理工商变更登记，如不配合办理的，自丧失股东资格之日起 15 日后每逾期 1 天，该股东需要向公司支付 20 万元违约金。

其实还有很多需要约定的内容，必须要在前期细致地约定，不要等着公司合伙人闹翻了再去约定。如果提前约定好，有据可依，那么就有法可判了。

3.10 形成整体思路后设计方案

整个方案的形成，我们可以参考我给某企业落地的整体方案。比如北京慧杰有限公司的股东协议：

本协议由以下各方于 2021 年【5】月【1】日在 某某 市签订。

甲方姓名：高小宝　乙方姓名：资源方　丙方合伙企业

鉴于：（1）运营主体公司为北京慧杰有限公司（本协议内简称"公司"或"本公司"），注册资本为 200 万元，注册时间为 2019 年 6 月 6 日（签署本协议前甲方为本公司的唯一股东，持股比例 100%，签署本协议后乙、丙双方投资进入，故各方股东协商并确定本协议相关条款）。

（2）甲方、乙方为公司股东，丙方为公司的股权激励持股平台，各方之间具有同等的股东地位。

（3）各方拟按照本协议的约定分配公司股权，各方持有的公司股权比例将会随公司未来增资或减资行为做相应调整。

因此，各方友好协商确定协议条款如下：

第一章　股权分配与预留

第一条　股权结构安排

1. 经过协商，各方的出资及占股比例等信息见下表：

姓名	实缴出资额	持股比例	出资形式	出资时间	持有方式
甲方	90 万元	45%	资金	2020 年【 】月【 】日	甲方自行持有
乙方	30 万元	15%	资金	2020 年【 】月【 】日	乙方自行持有
丙方	80 万元	40%	资金	2020 年【 】月【 】日	丙方自行持有

2. 对于上述工商登记信息，本协议各方确认的内部约定如下：

2.1　关于乙方以广告资产出资，经各方股东确定，该资产价值等值于对应的实缴货币出资金额（详见附件一：各方股东对乙方的出资资产及评估价值确认）。

2.2　乙方实缴货币出资由后期公司的利润、公积金、资产等其他方式进行实缴，且甲丙双方并无异议。

3. 关于丙方的说明：

3.1　丙方作为本公司股东之一，实际是本公司的股权激励/期权持股平台，用作后期对本公司的核心管理人员、优秀员工/团队的激励之用；且丙方目前注资为认缴注册，后期公司会以利润、公积金、资产等其他方式为丙方进行实缴，且甲乙双方并无异议。

3.2　综合考虑上述因素后，公司实际股权权益、分红及表决权情况见下表：

姓名	持股比例	持有方式	分红比例	表决比例
甲方	45%	甲方自行持有	45%	100%
乙方	15%	乙方自行持有	15%	0
丙方	40%	丙方自行持有	40%	0
合计	100%	—	100%	100%

第二条　分红权与表决权

1. 各方按第一条分红比例享受相关分红收益。

2. 分红标准：按季度分红。

3. 分红公式：公司净利润 ×70%× 各股东的持股比例（其余30%为公司预留的发展资金）。

4. 如公司季度为各股东发放分红时，公司净利润低于10万元的，则取消分红，并累计下个季度发放。

5.发放分红时如遇节假日，则顺延至工作日再发放，在此期间不计息；发放分红时公司会代扣代缴各股东的应缴纳税项。

6.各方按第一条约定表决权比例对公司所有事项进行表决（包含一般事项/重大事项等）。

第三条 承诺和保证

各方的承诺和保证如下：

1.各方具有订立及履行本协议的权利与能力。

2.各方的出资资金来源合法，且有充分的资金及时缴付本协议所述的价款。

3.各方签署及履行本协议不违反法律、法规及与第三方签订的协议/合同的规定。

第二章 各方股权的权利限制

基于各方同意在退出事件发生之前会持续服务于公司，各方以其在退出事件之前的投入资金/服务/资产等获得公司相应股权。据此，各方同意自签署本协议起，即对各方享有的股权根据本协议第二章的规定进行相应权利限制。

第四条 退出事件

在本协议中，退出事件是指：

1.公司公开发行股票并上市。

2.公司申请其股票在全国中小企业股份转让系统挂牌并公开转让。

3.全体股东出售公司全部股权。

4.公司出售其全部资产。

5. 公司被依法解散或清算。

第五条　股权的成熟

1. 为保证创始人团队及创业项目的稳定，全体股东一致同意：各方在本协议约定及工商登记的股权均为限制性股权，自本协议签署并生效之日起三年后成熟。

2. 无论股权是否成熟，股东仍享有股东的分红权及其他相关股东权利，但非经全体股东一致同意，除了本协议另有约定之外，不能进行任何形式的股权处分行为，包括但不限于出让、设定他项权、接受任何形式或内容的约束等。

3. 如果公司发生本协议第四条约定退出事件任意之一项，则在退出事件发生之日起，在符合本协议其他规定的情况下，各方所有未成熟标的股权均立即成熟。

4. 若发生本协议第四条的退出事件，则各方有权根据相关法律规定出售其所持有的标的股权；若发生本协议第四条退出事件以外的其他事件，则有权根据其届时在公司中持有的股权，按照本协议约定已成熟的股权比例享有相应收益分配权。

第六条　回购股权

（一）因过错导致的回购

在退出事件发生之前，任何一方出现下述任何过错行为之一的，其他方有权按照届时持有实缴出资之比例，以法律许可的最低价格，如1元/股，回购过错方所持有的全部股权权益，且该过错方于此无条件且不可撤销地同意该回购。当无过错方提出书面回购要约后，过错方不得以任何理由或借口进行拒绝，或寻求任何规避相应义务的借口或救济手段。无过错方应按照参加回购方的届时所持实缴出资比例行使回购权。

过错行为包括：

1. 严重违反保密或非竞争协议的约定。

2. 严重违反劳动合同的约定导致公司解除劳动合同的。

3. 触犯刑法导致受到刑事处罚的。

4. 未履行劳动合同或未履行承诺的服务或贡献的。

5. 其他造成公司重大损失的行为。

（二）锁定期内禁止退出

1. 各方股东所持有的股权自签署本协议后锁定期三年，各方股东在锁定期内禁止退出或要求公司回购其持有的股权；封闭期内股东强制退出的，公司不会支付任何的对价（资金），且要配合股东办理工商变更登记。

2. 如股东因上一条而导致气愤，故意破坏公司管理秩序或造谣（包括但不限于：泄露公司秘密、信息，挖公司主播、员工等），则根据本章"（一）因过错导致的回购"执行。

3. 如股东封闭期内不再为公司创造贡献的/提供相应服务的，则根据本章"（一）因过错导致的回购"执行。

（三）锁定期之外退出的

1. 退出价格

1.1 股东可向公司申请退股，退股时可按即期公司年净利润的

1.5 倍作为公司估值为各方股东予以退股。

1.2 若公司获得融资，回购价格为：公司最近一轮投后融资估值的【30】%（计算公式：最近一轮投后融资估值 × 股权 ×【30】%）。

2. 退出说明

2.1 如退出时公司有现金压力问题，则可能会延期对申请退股的股东做延期支付处理。

2.2 公司为股东做退股处理后，退股股东将失去目标公司的分红权，即增值权等所有股东权益。

2.3 股东封闭期届满申请退股的，如目标公司未产生盈利或处于亏损，则该退股股东需承担亏损后退出。

2.4 如封闭期届满股东依然持有股权并未做退股处理的，则本协议顺延，且本协议无到期日；或经各方协商一致后做补充约定，补充条款与本协议是不可分割的一部分。

第七条 标的股权转让限制

（一）限制转让

在退出事件发生之前或公司获得投资机构或其他类型投资人的融资额度达【200】万元之前，除非股东会另行决定，各方不得向任何人以转让、赠予、质押、信托或其他任何方式，对股权进行处置或在其上设置第三人权利。

（二）优先受让权

在满足本协议约定的转让限制的前提下，在退出事件发生之前，如果一方向他方（包含本协议的其他方及任何第三方）转让股权，该方应提前通知其他方。在同等条件下，其他方享有优先购买权；如控股股东放弃行使优先购买权，其他方有权以与第三方的同等条件优先购买全部或部分拟转让的股权，如其他方同时行使优先购买权的，则按比例购买拟转让股权。

第八条　竞业禁止与禁止劝诱

（一）竞业禁止

各方承诺，其在本协议签订后至退股后两年内，非经其他股东一致书面同意，不得到与公司有竞争关系的其他用人单位任职，或者自己参与、经营、投资与公司有竞争关系的企业。

（二）禁止劝诱

各方承诺，非经公司书面同意，各方不会直接或间接聘用公司的员工，并促使其关联方不会从事前述行为。

第三章　其　　他

第九条　增　　资

在公司存续期间需要增资或减资得以继续发展的，各方按照第一条所列股权比例增资或减资。

第十条　保　　密

各方应保证不向任何第三方透露本协议的存在与内容。各方的保密义务不受本协议终止或失效的影响。

第十一条 修　订

任何一方对本协议的任何修改、修订或对某条款的放弃均应以书面形式作出，并经本协议各方签字方可生效。

第十二条 可分割性

本协议任何条款的无效或不可执行均不影响其他条款的效力，除该无效或不可执行条款以外的所有其他条款均各自独立，并在法律许可范围内具有可执行性。

第十三条 效力优先

如果本协议与公司章程等其他公司文件不一致或相冲突，本协议效力应被优先使用。

第十四条 违约责任

1. 如果任何一方违反本协议"第六条（一）因过错导致的回购"的规定未能向股权回购方（公司 / 创始人）转让全部或部分权益或配合办理相应的工商登记备案手续，则违约方应向其他守约方承担人民币【20】万元的违约责任。不论实际经济损失如何确定，违约方均承认该违约行为会给公司和其他股东造成严重的经济损失，该损失金额与本条款约定之违约金金额相若，即违约方不得以违约金过高为由主张调整违约金金额。

2. 如果股权回购方或公司因此有其他损失的，违约方还应全额赔偿股权回购方或公司的其他任何损失。

3. 任何一方违反本协议任何约定的，违约方应对其违反本协议的规定而向其他方承担违约责任或赔偿责任。

第十五条 通 知

任何与本协议有关的由一方发送给其他方的通知或其他通信往来均应当采用书面形式（包括传真、电子邮件），并按照下列通信地址或通信号码送达被通知人，并注明下列各联系人的姓名方构成一个有效的通知。

甲　方：　　　　乙　方：　　　　丙　方：

通信地址：　　　通信地址：　　　通信地址：

邮政编码：　　　邮政编码：　　　邮政编码：

电　话：　　　　电　话：　　　　电　话：

若任何一方的上述通信地址或通信号码发生变化（以下简称"变动方"），变动方应当在该变更发生后的7日内通知其他方。变动方未按约定及时通知的，变动方应承担由此造成的后果及损失。

第十六条 适用法律及争议解决

本协议依据中华人民共和国法律起草并接受中华人民共和国法律管辖。

任何与本协议有关的争议应友好协商解决，协商不能达成一致的，任何一方有权向公司所在地有管辖权的法院提出诉讼。

第十七条 份 数

本协议一式【4】份，各方各持一份，一份由公司存档，均具有同等法律效力。

（以下无正文，为【　　　】有限公司股东协议之签字部分）

然后就是附件"各方股东对乙方的出资资产及评估价值确认"表

格，按照顺序 1、2、3、4 这样列出来就行然后各股东再签字确认即可。

3.11　开始运作时注意的关键点

本节主要讲解如何跟有资源的朋友去合伙以及设计的一些要点。你始终记住一个核心：资源进入需要区分是什么资源，是现在就能兑现还是未来才能兑现的。

如果现在就能兑换的资源，那就当即兑现股权；如果是未来才能兑现的资源，一定要出具一份价值贡献表，按照表格的序号和提供的贡献内容去兑换，或者置换再纳入股权；到最后再统一进行股权的调整。

然后开始进入运作，签署正式的股东协议；之后进入锁定期，等后期股权成熟；封闭期届满之后，就涉及退出的问题了，于是我们必须设计好退出机制。

但是在公司运作的时候，这个资源合伙人是全职参与公司运营发展还是不参与，如果参与，公司后期的股权激励还需要对他进行激励，这时候就必须把他的责权利划分清楚，并且把公司的决策权牢牢掌握住。

最后就是根据他的资源和价值贡献，逐步地进行记录，最后做股权的调整。

当然这里还有一个要点就是如果资源方进入，最好是和我们预留的期权池一样，做一个持股平台，不要让他直接以自然人的方式持有公司股权。当然你得看对方的资源，如果资源过硬，那么就直接持股（什么叫资源过硬？比如我有块土地估值 2000 万元，你的公司出资金 1 亿元，这土地资源就很硬）；如果资源有些软，比如办公设备、办工场所、顾问服务、广告资源等这些软资源，建议不要直接注册。

当然你也可以再进行区分，如果对方的资源是有产权证的、能过户公司名下的，人家一般要直接持股。

如果对方的资源没有产权证并且不能过户，你这时候就要跟对方协商，看能不能进到持股平台，对于公司来说小股东好治理。什么叫治理？什么叫管？管理是针对员工，员工不听话，你可以罚款、可以开除。如果股东不听话，你能开除吗，能罚款吗？不能吧？所以股东之间叫治理，俗称法人治理；团队之间叫管理。

第4章　业绩合伙人设计全案

4.1　对方能带来多少业绩

如何把有市场业绩的朋友拉过来一起合伙，一起把企业做大做强呢？我经常遇到朋友咨询我："我有一个朋友，他的社交资源和销售渠道比较好，我想找他谈一谈，让他用业绩入股，然后给他股权，但是我不知道怎么设计比较好。"这种情况数不胜数。

那么我们回到本节的核心点，什么是市场合伙人或者业绩合伙人，说直白点，就是怎么用他的销售业绩兑换公司的股权？

首先思考：假设对方跟你合伙，他能够给你带来多少业绩？在回答这个问题的时候，实际上你应该找过人家，跟人家聊过这个问题了。或者你没有和对方聊过，但是你是凭心里感觉的，这里有一点，你凭心里感觉倒不如把人家约过来聊一聊，问问他有把握能完成多少业绩比较实在。

"张总啊，哪里呢？啥时候来我的公司，有个小事和您聊聊。"对方说："啥事啊？"你就说："来公司再说吧。"

等张总到了，你这么问他："张总啊，我这个股权咨询的业务想跟您聊聊，您手里掌握这么多的企业家业绩，咱俩也一直没深聊，这次我想和你深聊一下。"

"另外，我这边自己拓展的业务，在当地的影响力还是有的，我想您可以利用自身的市场业绩来帮我做做业务，如果您能帮我，我会给您提取不错的一个提成，您是现金还是转账都可以。"

"但是我的公司目前自己扩展的业务做下来，净利润大概200～300万元，如果能通过您的介绍，咱们拉点业务过来，而且您不要提成，选择占点股，后期分红收入是可持续的。业绩不用就是浪费，您说对吗？"

如果他对钱更感兴趣，那么你索性给他提成，简单清楚。但如果他只要钱那就失去了这部分内容的意义了。而且我做股权设计、股权咨询这么多年，类似的事情还真不少呢！假如他想要股权，怎么往下继续进行呢？

咱们继续看，张总说："我还是要股权吧，你直接给我提成也没多少钱，你的公司业务越来越多，越做越大，公司的收入和增长也比较有前景，我倒不如放弃眼前这点小钱，用提成折算成股权呢。"

这时候你会说："张总果然眼界极高，格局很大啊。好，张总，这样，咱俩合计一下，如果咱俩深入合伙，您现在有多少家企业关系比较好，假设每家企业10万元咨询费，您这边能完成多少家？咱们测算一下总的业绩目标！然后……"

最后算好了，按一共可以带来200单计算，每单10万元就是2000万元，这个业绩目标有了，但是记住，这2000万元仅仅是张总自己的介绍或者咱们配合他来完成的，跟公司其他人完成的业绩是无关的。

然后作为公司创始人的你，要瞬间大脑里有本账，就是如果有了这 2000 万元的收入，公司净利润大概是多少？是 20%、30%，还是 40% 的净利润呢？

假如你的公司净利润是 30%，那么，你就知道他这 2000 万元能带来的净利润是 600 万元，对不对？

第一是测算业绩；第二是你自己测算净利润；第三就是你要不要给他提成？刚才张总说不要提成了，那么就完全按照提成折算公司股权就好了。当然也可以是他要一部分提成，要一部分股权。我们假设他全部把提成折算成股权好了。

2000 万元的业绩，提成按照 5% 计算就是 100 万元的提成，这个时候你可能直接会考虑，那我们现在就直接用他的 100 万元，与公司的估值算出来比例给他就好了。

你这样想就大错特错了，还有很多细节没学呢！别急，我们在4.2 节看　看给张总的超额激励制度的设计。

4.2　如何设计超额激励制度

我们上一节确定了张总能完成 200 单，按每单 10 万元计算，销售额能达到 2000 万元，提成按照 5% 计算能够提取 100 万元的提成。但是如果张总完成额超过 2000 万元之后呢？那么提取什么比例就是关键了。

他可能超额完成 100 万元、1000 万元，甚至超额 3 亿元，这都有可能！

那么这个时候有三种情况，第一种是张总的实际业绩可能小于 2000 万元，比如他刚好完成 1950 万元，这时候他有没有超额激励呀？肯定没有，由于他连设定的业绩目标 2000 万元都没有完成，怎么会有超额激励呢？

第二种是他有没有可能完成 2300 万元？如果完成 2300 万元，超了多少呢？ 300 万元，实际上我们就在这 300 万元上做文章。这就有两个核心，一个是超额比例，一个是提取比例。超额比例是什么呢，就是这 300 万元除以 2000 万元为 15%，超出了 15%，这 15% 就是超额比例。第二个核心是提取比例。比如超额比例在 0% ~ 20% 之内提取 6.5%，20% ~ 50% 之内提取 8%，50% 以上提取 10%，这 6.5%、8%、10% 就是提取比例。

正常情况下都是用利润来做超额分红激励的，但是前期采取的是销售额来计算提成，所以你的超额激励要统一按照销售额来提取；如果按照利润来提取，那么超额激励就要统一按照利润来设计。

超额激励的提取原则是按照年度，但是考虑张总说能完成 2000 万元，那么这个 2000 万元的业绩也要有时间限制。假如你问张总这 2000 万元多久完成，张总说："呵呵，十年。"你这还玩啥？

所以要有时间限制，比如经过沟通将时间设定为 3 年，如果 3 年内张总完成 2000 万元，这个最基本的要素就达成了，然后配合超额激励，这时要怎么设计呢？

如果超额完成，超出部分在20%以内的部分提成按照6.5%，在20%～50%之间的部分提成8%；超过50%的部分按照10%。

记住，是超出部分！还按刚才举的例子，完成2000万元的同时完成了2300万元，超额比例15%，超出金额300万元，其中2000万元还是按照提成5%计算，超出的300万元按照6.5%计算。

所以这时候有三种算法：

第一种，全部按照某一比例计算。完成2300万元，全部按照超额15%计算这个区间对应的6.5%提取，即149.5万元。

第二种，是按照超出部分计算，记住是超出部分。完成2300万元，超出300万元，对应15%的比例，提取6.5%，是19.5万元。如果是完成3200万元呢？就是超出1200万元，1200万元是2000万元的60%，对应的比例是50%以上，按提取10%计算，就是1200万元提取10%等于120万元，再加上2000万元提取的5%即100万元，一共计提220万元。这是超出部分提取对应的区域，是一次性，一口价的。

第三种，是按区间计算，记住是区间。假设完成3200万元，减去2000万元，超额1200万元，1200万元除以2000万元的超额比例是60%，接下来是重点：

超额1200万元的20%以下对应的是240万元，这240万元提取6.5%等于15.6万元；超额1200万元的20%～50%对应的是600万元，这600万元提取8%等于48万元；超额1200万元的50%以上对应 360 万元（＝ 1200−240−600），这 360 万元提取 10% 等于 36 万元。最后测算就是各区间的金额之和即 99.6 万元（＝ 15.6+48+36）。

这里要记住，不管采取哪一种，一定要算好自己的账，别提取走了之后利润没了，并且设计好之后一定要和合伙人坦诚沟通，这是用业绩来做超额激励。

如果是用利润来做超额激励呢？那你就坦诚沟通，比如 2000 万元业绩对应公司大概利润 30%，就是 600 万元。如果他能创造 600 万元利润，你可以给他 16.66% 的利润。

算一下，提取交易额的 5%，2000 万元提取 5% 就是 100 万元。如果你给他按照利润提取，还想给他 100 万元，那就是 100 万元除以 600 万元等于 16.66%。所以账算好就行，这是一一对应的。

张总计划 3 年内目标完成 600 万元利润，提取比例是 16.66%，如果超额完成，则第一是超额比例，第二是提取比例，然后按照上面讲的设计就行了。

4.3 确定业绩换股权的方式

继续张总的案例，还记得跟张总合作的一些基本要素吗？首先张总 3 年完成 2000 万元销售额，利润 600 万元，提取销售额 5% 或者提取利润的 16.66%，等于 100 万元，这是需要支付的成本。这时候有两种方式灵活运用，是设计的核心点：

第一种，张总如果不要提成，全部折算成股权。假如张总完成

2000 万元销售额，公司按照 5% 的比例从 2000 万元中提取出购股资金，是 100 万元吧？然后公司可以再配给张总 100 万股，一共是 200 万股，最后根据张总的 200 万股，除以公司股本总额，等于张总最后的比例。

为什么说得一配一，或者干脆叫买一赠一，实际上是一个意思。他的 200 万元中的 100 万元是提成，这算是买，而另 100 万元是赠送给他的，这算是激励。基本原理就是，张总的业绩越多分红越多，分红越多配股越多。

要这样算，张总给你的公司带来 2000 万元销售额，等于 600 万元净利润，你给他少了不太合适，但是给太多对公司又不合适。如果他提成 100 万元等于是 100 万股，再加上公司配给他的 100 万股，一共是 200 万股，也就是说张总带来 600 万元净利润，你是否愿意拿出 200 万元来给他配股？

如果你说"我拿出 300 万元来也行"，那你就可以设计成完成 2000 万元销售额，折股 100 万股，然后公司再配股 200 万股，每股一元。

如果你说"利润 600 万元，提成 100 万元，而我这边隐性的分配最多也就再给他 50 万元"，那你就知道你的所有成本也就控制在 150 万元了，这个时候你就可以设计成：张总完成 2000 万元销售额，折股 100 万股，配股 50 万股，共计 150 万股，每股一元。记住，张总所得到的股数，再除以公司的估值，公司估值假设 2000 万元，每股一元不就是 2000 万股吗？

假设张总获得 200 万股，在不算增资扩股的前提下，不就是占比 10% 吗？

第二种，张总如果选择提取一部分提成拿走，剩下的钱折算成股权，比如拿走 2% 留下 3%，或者拿走 3% 留下 2%，那么你就可以适当地降低一些权重。

什么意思呢？上面讲到了，他得到 100 万股，你免费配给他 100 万股；他把提成拿走了，最后得到的只有 50 万股了，原则上按照 1∶1 配股，再配 50 万股才对，但是对不起，这里讲的是他的提成全额留下，1∶1 配股，他只要抽取提成，那么可以一律按照 1∶0.5 配股。

也就是说他最后获得了 50 万股，按照 50% 配股，就是 50 万股乘以 50% 的配股，最后配股额度是 25 万股，再加上获得的 50 万股，等于 75 万股。

最后，有人问我："他当年兑换的股权，当年有分红嘛？"

"抱歉，他当年努力工作就是赚钱买股权，买了股权当时是没有利润的，因为利润已经给了他了。"

"给了他吗？"

"是啊！"

"哪里呢？"

"买你股权了呀！如果想参与分红，第二年公司利润是多少，该怎么分就怎么分。"

所以记住，当年没分红，第二年才有分红。

4.4 一定要设置业绩保底及取消制度

一定要设置业绩保底和取消制度，这个很简单，也就是说张总3年完成2000万元的销售额，即每年约666万元的销售额。假设，他3年累计下来，完成实际业绩500万元，你还给不给股权？所以你要设置保底。

这是什么原理呢？我举个例子，假如一个服装店，你为了激励店长努力创造业绩，于是给他店里20%的干股激励，当时可能这个店长很受用，努力工作。但等这家店的知名度高了之后，这个店长可能就躺在功劳簿上睡大觉了。

他可能会想，反正我努力干也是20%的分红，不努力干也是20%的分红，那我索性工作就别那么积极了。

换句话说，如果当年店里赚了80万元，店长20%分多少？16万元。如果当年店里赚了60万元呢？店长分走20%就是12万元。如果当年店里赚了30万元呢？店长分走20%就是6万元。如果……

好的制度可以让懒人变勤奋，坏的制度可以让勤奋的人变懒，就是这个道理。这个服装店激励店长的方案，哪里出了问题？就是没有设置保底，缺乏约束力。如果稍微改变一下：

"店长啊，咱们这个店如果你努力干，你预计每年能赚多少利润？"

店长说："我感觉咱们这家店从规模、选址、地理位置上都不错，我感觉如果我努力工作，能赚100万元利润不成问题。"

这个时候你会说："好，这个店我交给你全权负责和管理，我愿意拿出20%的股份给你做干股分红，如果你不在这里干了，这20%的干股就没了，你晓不晓得？"

店长说："嗯！我知道。"

然后你再说："如果一年赚100万元，你的分红就是20万元。你想一年赚多少分红啊？"

店长说："我当然想赚得越多越好啊，每年50万元才好呢！"

你说："你如果一年想分红50万元，那么50万元除以20乘以100，也就是咱们这家店每年要创造250万元利润，你才能妥妥地分红50万元。这样，你作为店长，年度保底80万元利润，低于80万元利润，没有这20%的分红；高于80万元才有，这是第一。"

"第二，超过120万元低于150万元的，我按照30%给你分红。第三，超过150万元以上的，我按照40%给你分红，怎么样？"

到这里原理应该就清楚了，一定要设置一个保底，你没保底就等于没有任何约束。店长可能为了赚这20%，他会努力冲刺80万元，他说能完成100万元，而你定的保底是80万元，他会感激你，知道你为他好。

返回来说这个案例，张总3年2000万元，每年约666万元，如果他低于20万股不予注册，可不可以？如果低于20万股不予注册此方案失效，如果1：1配股，他应该是10万股，然后再配10万股才对，也就是说他连10万股都没有赚到，这里的10万股就是10万元的提成，而完成 10 万元的提成对应 5% 换算的业绩就是连 200 万元业绩都没达到。所以你就可以这样设计：

"张总，如果你 3 年总计业绩低于 200 万元，本激励方案不予实施，届时自动失效。"（刚才算出 200 万元业绩对应的提成是 10 万元，等于 10 万股。）

这都是需要算账的，所以详细地理解这节的内容，就可以往里套很多东西，最后形成自己的方案。

4.5 一定要设置业绩、股权比例封顶条款

我们先来做个假设，张总如果跟你合作，3 年目标 2000 万元达成，即使 1∶1 配股，也只是 200 万股，他创造的利润是 600 万元。配完股一共 200 万股，公司假设估值 2000 万元，不论增资扩股还是别的什么方式，200 万元占 2000 万元的 10%，没问题吧？

这个时候你想释放 10% 还是 20%？如果你想释放 20%，那么张总就获得 400 万股，1∶1 配股也就是他自己的提成转化 200 万股，然后再 1∶1 配股配给他 200 万股，共计就是 400 万股。

他的 200 万股是 5% 提成而来，如果想提成 200 万元，他就得完成 4000 万元的业绩。举个例子，如果他完成 1 亿元的业绩，那公司 1/2 的股权可能就会稀释出去，从此你就失去控制权了。

所以这一节讲的就是股权稀释的封顶，防止你失去控制权。

正常情况下，业绩股一般控制在 5% ~ 10%，生产股控制在

5% ～ 10%，职能团队控制在 10% ～ 15%，所以总的分红激励额度应控制在 20% ～ 35%，有的老板拿出 50%，有的老板拿出 20%，其实也是根据公司规模来定的。

假设你想给外部市场合伙人所有的股权加在一起封顶 20%，公司估值 2000 万元，那么就是 400 万股，你把 400 万股打散。

打散之后设计《外部市场合伙人基本法》，凡是业绩达到 100 万元的，公司统一配股 10 万股（5% 的提成是 5 万元，1∶1 配股是 5 万元，加在一起是 10 万元，等于 10 万股，这么来的）。

这 400 万股，其中 200 万股是业绩换来的，200 万股是公司配的。所以这 200 万股用多少业绩换呢？就是 200 万元的提成除以 5 再乘以 100，即业绩目标直指 4000 万元，他完成 4000 万元能够得到 200 万元的提成等于 200 万股，公司再配 200 万股，共计 400 万股，然后 400 万股占 2000 万股的 20%，就是这么来的。

即使一个人完成 4000 万元的业绩，他封顶也就是 400 万股，也就是占公司股权比例的 20%。因为你已经提前设计了，设计最多释放 20% 的业绩股，这就是游戏规则！

条款中这句话，足以说明一切，大致意思是：张总连续 3 年经统计自己得到的股权加上公司配送的股权，对应公司总股数的比例超过 10% 的则不予注册，但超出的部分在当年如果公司有盈利，则按照正常分红给予分配。第二年起，则按照张总的持股比例分配公司红利。

所以想释放 20% 有 20% 的方法，想释放 5% 有 5% 的方法，对不对？这部分是重点，是业绩合伙设计方案。

第5章　营销合伙人设计全案

5.1　什么是营销合伙人

如何把企业内部的营销团队通过合伙人制度进行有效的激励，一起把企业做大、做强呢？

说到营销合伙人，其实就是我们眼里的销售团队，从业务员到部门主管，从部门经理再到营销总监，这样的一个晋升之路。

但是如果激励不好，销售能力强的人员可能就会离职，一旦离职可能就会加入对手企业，或者自己单独去创业成为竞争对手，这样的例子数不胜数。

之前遇到一个案例：一家企业是商贸公司，做微商、零售批发、找加盟商或代理商，我当时就是给他们将近15个人导入的营销合伙人制度。其实营销，或者我们经常说的销售的基本薪酬构成是什么呢？

比如有基本的底薪加上提成。如果做部门主管，还有管理津贴，自己做业务有额外提成，管理下属还能按比抽成。如果经理呢？也是如此！

但是这些已经过时了，为什么这么说呢？因为这种传统的绩效提成模式是不能够真正留住有能力的人的，有能力的人可能就离职自己去创业了。

为什么？他知道你的进货价和卖货价，还这么能干，销售能力也强，他把资源和销售渠道也掌握在自己手里了，凭什么还给你干呢？

如果他自己干，赚的钱都是他自己的，于是他想着想着就把辞职报告给你了。所以没有好的制度肯定留不住这些人。

但是如果有一种合伙人制度，他在公司工作，能力越强，赚的收益也就越多。他出去创业，就算利润100%自己全拿，也只有100%的收益，但是如果有一种制度，他在公司只要好好干，赚得比他自己出去创业赚100%的收益还要多，他可能会赚150%、200%，甚至更多！

什么概念？举个例子，我投资20万元自己创业，一年销售额100万元，假设成本50万元，那么我只赚50万元。如果公司有一种制度，销售额凡是超过100万元就有可能赚到70万元，是不是比自己创业赚得还多呢？

5.2 营销合伙人都有哪些收入

营销人员，他们都有什么收入呢？销售人员是公司的开源部门，是可以直接从市场上赚钱的部门，他们的收入很简单，上一节也讲到了，无非就是底薪加提成，如果做管理，还会有管理奖或者管理津贴，说法不一样，但是意思一样。

可是这部分问的是营销合伙人的收入都有哪些，在说这个话题之前，我必须如实交代，其实为营销合伙人设计的激励制度无非就是奖金分配制度，或者是销售板块的利益分配机制，这个制度中底薪加提成的方法，就是两种激励的组合，底薪＋绩效＋提成是三种激励的组合，而底薪＋绩效＋提成＋管理津贴则是四种激励的组合。

我们可以这样：超额激励＋团队分红＋细胞裂变＋管理分红＋PK激励＋股票期权的形式，打包一个组合，这里每一个单独的激励模式，本章都会详细讲解。

别看这里内容很多，其实这套模式不会给公司带来多大成本，并且都是大家凭本事从市场上把钱赚回来，然后公司留下一部分，剩下一部分才给大家去分的。

所以激励的本质都是：先从市场上去赚钱，把钱赚回来之后通过一种分配机制公平地、合理地分给大家，能力强的多拿，能力弱的少拿。为什么说分的钱都是从市场上赚的钱呢？

举个例子，假如你自己烙大饼，每天烙五个大饼。有一天你店门口修公路，施工队的人很多，都是排着队来买你的大饼，这时候你自己明显忙不过来了，于是打算招聘一个阿姨跟你一起烙大饼！

以前你每天烙五个大饼，阿姨来了一共烙十五个大饼，你就算给她一半，你还剩七个半呢，比你自己烙五个还多两个半，就是这个道理。所以老板们，千万不要认为是自己从口袋里拿出多少钱来给大家分，不是这样的。

5.3 营销合伙人级别设置

本节说说营销合伙人级别的设计。以往我们的理念就是：从新来的业务员试用期—转正业务员—业务主管—业务经理—大区经理—营销总监，这样一个晋升路径。

但是我们如果采取合伙人激励模式，实际上思路还是这个思路，只不过是把所有的设计思维都往合伙人的思维上靠拢。

营销合伙人级别，也是由低到高分为业务员—D 级合伙人—C 级合伙人—B 合伙人—A 级合伙人—S 级合伙人几个级别，每一级别的合伙人是根据什么确定的呢？

比如业务员新来公司，底薪 1500 元 / 月，绩效 0，个人年度业绩 120 万元，也就是每个月 10 万元的销售业绩。

D 级合伙人，底薪 1500 元 / 月，绩效 500 元 / 月，个人年度业绩 240 万元，团队业绩达标（这里就会出现团队业绩，因为他个人业绩达标，就有了合伙人身份，就可以组建和带领 3 ～ 5 人的销售小组，他带领的 5 个人每人年度业绩假设达到 100 万元，那么团队的业绩需要达到 500 万元）。

那么 D 级合伙人如何晋升为 C 级合伙人呢？你想象一下，他带领着 5 人销售小组呢，如果他培养得好，那么这 5 个人当中就会有业务员达到年度业绩 240 万元，这时这个小组一旦产生 1 位 D 级合伙人，他就成为 C 级合伙人了。

所以如果 D 级合伙人培养出 1 名 D 级合伙人，那么原来的 D 级合伙人就晋升为 C 级合伙人。C 级合伙人培养出比如 2 名 D 级合伙人，就晋升为 B 级合伙人；B 级合伙人培养出比如 5 名 D 级合伙人，就晋升为 A 级合伙人；A 级合伙人培养出比如 10 名 D 级合伙人，就能晋升为 S 级合伙人；而 S 级合伙人呢，到这个级别，就能以极低的价格、以期权的形式购买公司的股权了。每一个级别的底薪、绩效也是随着级别的上升往上调整的。

话又说回来了，合伙人凭什么带领团队去晋升呢？凭他每升一级，他的收益就会增加。

5.4　营销合伙人团队分红

本节我们聊一聊团队分红，还是按照业绩标准举例子。业务员个人业绩在 240 万元以下，都叫业务员，这个业务员就叫他张三好了。

（1）张三作为业务员，个人业绩达到 240 万元以上，就具备 D 级合伙人资格了，D 级合伙人具有配置、组建自己五人销售团队的资格。

（2）当张三具备 D 级合伙人资格之后，他带领的团队，每个人年度业绩假设为 120 万元，5 个人就是 600 万元，这 600 万元的业绩不算张三的个人业绩（当然张三也必须要保住自己的 240 万元业绩，不然他的级别下降也就享受不到管理分红了）。

（3）团队分红怎么分呢？假设就分这 600 万元经财务核算过后利润的 3%，600 万元按照净利润 20% 计算，就是 120 万元，120 万元的

3% 即 3.6 万元。

刚才讲到，张三必须保住合伙人资格（年度业绩 240 万元）才有享受团队业绩分红的资格，如果张三个人未达成对应年度业绩指标，就会丧失合伙人资格，那么团队分红激励就此灭失了。

举个例子，张三个人年度业绩达到 240 万元就具备 D 级合伙人资格，这时他有两个选择：

第一，张三不组建团队，自由自在工作，他的提成保持不变，但是薪酬绩效就得按照 D 级合伙人的标准执行了。他想要保持薪酬绩效不变，就必须每年度业绩指标不低于 240 万元，不然业绩不达标就会丧失 D 级合伙人资格，降为业务员，薪酬绩效就会按照业务员标准发放。

第二，组建团队，带团队做管理。张三首先个人年度业绩需保持 240 万元以上才能持续享受 D 级合伙人待遇，并且公司给予他五个销售人员的编制，自行组建团队并进行销售与管理，此时张三可以享受五人团队整体创造的净利润的 3% 作为团队分红。

假设五人编制每位业务员完成 120 万元年度业绩指标，五人共计业绩指标为 600 万元，按利润 20% 计算，则张三可以提取 3.6 万元（=600×20%×3%）作为团队分红，再加上个人 240 万元的业绩提成，就构成了张三现阶段的所有收入。

5.5　合伙人间 PK 激励制度

PK 激励，顾名思义就是公司在利润当中提取一个奖金包，举例说明：假设公司按照年度从利润中提取 5% 的奖金包，公司年利润 1000 万元，奖金包为 50 万元。这个奖金包是专属配给销售板块所有合伙人的。想参与 PK 激励，赚取 PK 奖，首先得成为合伙人，具备合伙人资格。

怎么成为合伙人具备合伙人资格呢？你必须个人年度业绩达到 240 万元吧？然后再看你的管理能力。你管理的五个人的配置是否齐全？销售经验是否丰富？你不能只会自己销售，你得做一名独当一面的销售人员。比如你得教会下面的人去销售，你得去招募销售人员，形成销售团队；你得去培养销售人员，让他们慢慢成长。这样你才算是一名合格的独当一面的销售人才。

这个 PK 激励是合伙人之间竞争，合伙人个人 + 团队所有人创造的业绩是比赛的业绩基点。

比如张三团队，个人业绩达到 240 万元，团队业绩达到 700 万元，加总是 940 万元。比如李四团队，个人业绩 250 万元，团队业绩 600 万元，加总是 850 万元。

那么这个 PK 激励怎么分下去呢？设定机制第一条，必须具备合伙人资格；第二条，个人业绩和团队业绩必须达标；第三条，只选前三名纳入 PK 激励计划。

为了举例子清楚，下面我取整数讲解，思路很重要。

假设我们选取前三名（当然你也可以选出前五名、前十名，这是根据公司实际规模设计的），第一名业绩 700 万元，第二名业绩 500 万元，第三名业绩 400 万元。我想问问如果公司想奖励 10 万元，他们三个人怎么分最合理？

是按他们三个人的个人业绩（第一名 + 第二名 + 第三名）的总和计算的。第一名 700 万元除以 1600 万元为 43.75%，他可以分 10 万元的 43.75%，等于 4.375 万元。

第二名和第三名也是这么算。第二名 500 万元除以 1600 万元为 31.25%，他可以分 3.125 万元。第三名 400 万元除以 1600 万元为 25%，他可以分 2.5 万元。

但是如果有两个第一名或者两个第二名，或者两个第三名怎么解决？和我一起记一个公式：个人业绩金额除以前三名业绩的总和等于应该分取的比例。

不管几个第一第二第三，都是一样的，我这样讲能明白吧？

但是重点在于，公司能够提取多少的 PK 奖金，这是至关重要的。你可千万不要因为设置 PK 激励而把公司弄得亏损连连的，这都是需要算账的。

股权激励是一个系统，而营销合伙人只是营销板块而已，你还有其他的职能部门呢，你要设计职能合伙人基本法（就是在职分红或者岗位分红）。如果你的公司有生产部门，还要设计生产合伙人基本法；如果还有研发部，还要设计研发板块的激励；如果你有下游，有经销商，你还得预留股权给经销商做激励。所以每个板块都是一个点，当你把一个个的点连成线的时候，面自然而然就出来了。

5.6 营销合伙人伯乐激励——细胞裂变法

本节我们根据等级的划分，再添加一个激励模式，就是细胞裂变法，目的就是老人带新人，培养新人，从而使公司的业绩增长。

这一部分讲的就是培养新人，但是如果没有利益，那么谁还会去带新人呢？如果我培养一个人出来，跟我没一点关系，我肯定也不会很努力、很积极地去带新人。

举个例子，这是一个适用于所有做连锁企业的实际案例。

公司要发展，店面要扩张，不仅每家店的营收要提高，而且店面数量必须要增加。但是我们想一想，店面很好增加，只要有资金，同时开一百家店都能开得起来，店开起来之后呢？怎么去运营管理呢？如果没人去干活，这个店不就是空的吗？

所以这个时候，我们可不可以给每家店的店长做在职或者管理股激励呢？但是给他激励可以，在他的考核评估制度里能不能加上一条，就是一年内必须培养出两名储备店长，如果没有培养或者少培养一位，那么这位店长当年的分红打 7 折？这是其一。

其二，告诉这个店长，如果你的两名储备店长有能力可以独立去管理一家新店，到店上任之后达到年度业绩考核标准，你这个店长可以获得这个新店至少 5% 的店面分红。

我们看，A 店长培养 B 店长，B 店上任之后，达到店面业绩要求，A 店长就能获得 5% 的 B 店长的利润分红。如果换作是我，我就愿意多带，因为如果我培养了 10 个店长，每个店长每年抽成 5%，那合计的收入比我自己这家店的收入还多得多。

双指标考核，一是达不到要扣分红，二是达到了有更高的收益，这就是既有激励又有约束。

假设张三从业务员干到 D 级合伙人，公司给他五人的配置，他就可以选择既做业务又做管理，在做管理的时候，他就可以从这五个人当中好好提拔、传授、培养了。

如果这五个人当中有一个人达到了 D 级合伙人，首先张三就会从 D 级晋升到 C 级，享受 C 级合伙人的薪资待遇；其次张三可以参加 PK 激励制度；然后就是张三可以享受他培养的这个 D 级合伙人整个团队收益的 3%；最后还有伯乐激励，比如合伙人不论级别，凡是培养出一名新晋的 D 级合伙人，均享受公司一次性奖励现金 1 万元。

要记住，这个伯乐奖是让全体合伙人都积极地去培养新的 D 级合伙人的，培养一个给一万元，再培养一个再给一万元。为什么不是两万元、三万元呢？

这里要记住，培养出来的 D 级合伙人，他的年销售额要达到 240 万元，你得算算账，减去工资，减去提成，减去乱七八糟的支出，你的利润还剩多少，然后你从利润中适当拿出一些来就行了。

5.7　营销合伙人管理分红

本节讲一讲管理分红，我们还拿张三举例子。张三团队中五个人，他培养三个 D 级合伙人了，那么他凭什么培养新人成为合伙人呢？这是第一；第二，他培养了有什么好处呢？

前面提到 A 店长培养 B 店长，可以源源不断地赚取 B 店长年利润的多少。

举个例子：

张三作为 D 级合伙人，如果培养了新的合伙人（新的合伙人达到 240 万元业绩指标就可以了），然后张三就从 D 级合伙人晋升为 C 级合伙人。张三培养出的新合伙人是 D 级合伙人，这个时候张三作为 C 级合伙人，就可以享受他培养出来的 D 级合伙人个人加上整个团队年度创造净利润的百分比（比如 5%，或者 2%、3% 都行，这需要根据公司的利润测算）作为其管理分红。

举个例子：

第一，张三作为公司业务员，全年营销业绩达到 240 万元以上已具备 D 级合伙人资格，次年起正式享受 D 级合伙人的薪资福利。

第二，张三成为 D 级合伙人后组建五人的销售团队，其中一名销售人员李四由于业务能力突出，完成了 D 级合伙人（年度 240 万元）的业绩指标，则次年李四具备 D 级合伙人资格，且李四也有资格组建并带领新的团队。

第三，张三次年晋升为 C 级合伙人，他除享受 C 级合伙人薪资福利外，同时还享受李四整个团队（含李四个人业绩）年度创造净利润的 5% 作为管理分红。假设李四团队（含李四个人业绩）年度业绩达标（600 万元），利润是 180 万元，那么就需要提取 180 万元的 5% 等于 9 万元作为张三的年度管理分红。

第四，如果张三培养了三个李四，而且三个李四分别都完成了 600 万元，也分别都达到 180 万元的净利润，那么张三就可以同时抽取三个 9 万元（即 27 万元）作为管理分红。

第五，如果张三不组建团队，那他想赚这一部分的钱就不可能了，因为他没有培养任何新的合伙人，也就没办法抽取新的团队利润分红。

这里有两个问题要解释一下：

第一，如果张三下级的合伙人个人业绩没达标，他还有这部分管理分红吗？肯定没有了，因为张三下级的合伙人业绩没达标，那么他的下级就不是合伙人，就丧失合伙人资格了，所以张三的管理分红也就没有了。

第二，如果张三培养了下级合伙人，那么下级合伙人再次培养下下级合伙人，也就是 A 培养 B，而 B 又培养了 C，那么 C 的收入跟 A 挂钩吗？我们不做三级分销，就踏踏实实地做细胞裂变，踏踏实实地为公司多创造业绩比什么都强。

5.8 淘汰机制与退出条款

这个营销合伙人基本法，目的就是为了充分挖掘合伙人的自身潜力，让他们努力提升自我价值，不断达成个人目标。

如果这个人不好好干，或者认为自己很厉害，但就是业绩不行，那没得谈，淘汰就好。

关于淘汰的条款：

（1）连续3个月销售排名倒数第一且未完成月度目标者（员工转正后有月度目标）；

（2）连续3个月任务完成率倒数第一者；

（3）连续3个月未开发新客户者；

（4）同一个季度被客户或同事投诉3次以上者；

（5）利用外出走访机会报销造假或者虚报、多报经公司查出者；

（6）开展业务工作数次违反公司规章制度者；

（7）每次考核时营销经费超标严重，且无正当理由的。

说明：凡符合以上7条中任意1条者，公司可取消其合伙人资格，或对其进行淘汰处理，双方劳动合同即终止。

再看看退出机制：

第一，凡是参与咱们这个营销合伙人基本法制度的合伙人，如果发生包括但不限于以下事项之一的，一旦被公司核实，那么这个人当即就丧失以上所有激励资格，公司可以无条件单方面取消其对应激励。

第二，如果情节严重，公司肯定会依法追究他的赔偿责任，并停止其参与公司一切激励计划，取消其职位资格甚至解除其劳动合同关系；当然没有发放的分红，没有给的收益也会一并取消；如果构成犯罪，公司会把他移交给司法机关追究刑事责任。下面这些退出条款大家可以借鉴借鉴：

（1）因不能胜任工作岗位（职位）、违背职业道德、失职渎职等行为严重损害公司利益或声誉而导致的降职、调岗、解除劳动合同关系。

（2）公司有足够的证据证明激励对象在公司任职期间，由于受贿索贿、贪污盗窃、泄漏公司经营和技术秘密、损害公司声誉等行为，给公司造成损失的。

（3）以任何形式（直接或间接）从事与公司及/或其下属公司或关联公司相同或相近的业务。

（4）自行离职或被公司辞退。

（5）失踪（包括宣告失踪）、死亡（包括宣告死亡）。

（6）违反公司章程、管理制度、保密制度、与公司签署的保密及竞业限制协议等其他行为。

（7）违反国家法律法规并被刑事处罚的其他行为。

（8）从事其他被公司董事会认定的不当行为。

这8条就是退出机制，退出机制和淘汰机制是两种含义，为什么这么说呢？比如张三业绩很好，没有触碰淘汰机制，但是他泄露公司机密，违背职业道德，私自接单转单拿回扣，就必须得让他退出。所以要配上退出机制。

5.9　形成整体思路后设计方案

本节，我们来看看整体方案的核心内容。

1. 释　义

除非另有说明，以下简称在本约定中做如下释义。

（1）公司：指北京××教育科技有限公司。

（2）股东会、董事会、监事会：指××××医疗器械有限公司股东会、董事会、监事会。

（3）合伙人：业务人员业绩达标后便可组建营销团队，该团队负责人称为合伙人，本法中简称"合伙人"，其根据等级划分，此外均为销售业务员。

（4）薪酬绩效：国内营销人员按月度绩效考核（含业务员及各级合伙人）。

（5）营销提成：国内营销人员按月/年度计提（含业务员及各级合伙人）。

（6）管理分红：培养新合伙人后可提取新合伙人个人/团队年度回款净利润一部分分红。

（7）伯乐激励：合伙人培养新合伙人后，公司以资鼓励该合伙人。

（8）淘汰机制：公司采取公平、公开、公正，并以动态考核为原则，为激发合伙人创业斗志，特制定本制度。

（9）丧失激励资格：合伙人在享受公司各项利益安排下发生所列示的行为，即丧失一切本法内约定的资格。

2.营销人员薪资与绩效

本约定适用于截至 2021 年 1 月 1 日（本法实施首日）在岗任职的营销人员 / 各级合伙人，并根据本约定内容对其进行薪酬 / 绩效的发放，规则详见下表。

职等	营销岗	底薪	绩效	必备业绩标准
10	S 级合伙人	3500 元	1500 元	个人年度业绩 ≥ 300 万元，团队年度业绩 900 万元，且培养 / 管理 5 名合格的合伙人
9	A+ 级合伙人	3000 元	1000 元	个人年度业绩 ≥ 300 万元，团队年度业绩 900 万元，且培养 / 管理 4 名合格的合伙人
8	A 级合伙人	2600 元	800 元	个人年度业绩 ≥ 400 万元，团队年度业绩 900 万元，且培养 / 管理 3 名合格的合伙人
7	B 级合伙人	2200 元	600 元	个人年度业绩 ≥ 400 万元，团队年度业绩 900 万元，且培养 / 管理 2 名合格的合伙人
6	C 级合伙人	1800 元	500 元	个人年度业绩 ≥ 500 万元，团队年度业绩 900 万元，且培养 / 管理 1 名合格的合伙人
5	D 级合伙人	1500 元	500 元	个人业绩 ≥ 500 万元，团队业绩 900 万元
4	业务员	1500 元	0	个人年度业绩 ≥ 250 万元

（1）营销人员指从业务员到 S 级合伙人所有人员的统称。

（2）业务员与各级合伙人的绩效发放，根据"附件一：营销合伙人绩效评估表"执行。

（3）合伙人等级由上一年度个人/团队销售额决定（可升可降）。

（4）D 级以上合伙人向管理岗位晋升的，根据其培养下级合伙人数量及个人/团队业绩决定。

3. 团队分红

本约定适用于未来在岗任职的 C 级或以上级别合伙人，根据本约定内容享受团队分红。

（1）业务员年度达到 D 级合伙人业绩考核指标（500 万元业绩指标）的，则该业务员已具备 D 级合伙人资格，该 D 级合伙人具有配置/组建自己 5 人销售团队的资格。

（2）按照 5 名销售人员连同个人年度业绩指标，该 D 级合伙人个人及团队总业绩指标为：500 万元 +5 人 ×250 万（每位业务员年度绩效指标 250 万元）= 1750 万元。

（3）团队分红需减去个人业绩 500 万元，剩余 1250 万元，按年度回款净利润的 2% 提取团队分红。

（4）必须保住合伙人资格才有享受团队业绩分红的资格，如某合伙人个人未达成对应年度业绩指标，则丧失合伙人资格，且团队分红激励就此灭失。

举例：高老师个人年度业绩达到 500 万元时已然具备 D 级合伙人

资格，这时有两个选择：

第一，不组建团队且个人自由工作：高老师提成保持不变，但薪酬绩效按 D 级合伙人的标准执行。欲想保持该薪酬绩效不变，则每年度业绩指标不低于 500 万元，不达标即丧失合伙人资格，下降为业务员，薪酬绩效随即按业务员标准执行。

第二，组建团队，带团队做管理：高老师个人年度业绩需保持 500 万元以上才能持续享受 D 级合伙人待遇，并且公司给予 5 名销售人员的编制，可以自行组建团队并进行销售与管理，此时高老师可以享受 5 人团队的年度回款净利润的 2% 作为团队分红。假设 5 人编制，每位业务员 250 万元年度业绩指标，5 人共计业绩指标为 1250 万元，若产值为 600 万元，则高老师提取 600 万元的 2% 等于 12 万元作为团队分红；再加上个人 500 万元的业绩，产值按 250 万元计算，则个人提成是：250 万元 ×20% ＝ 50 万元。个人提成与团队分红合计为：12 万元 +50 万元＝ 62 万元。

4. 伯乐激励

当 D 级合伙人培养出下级合伙人（下属）时，每培养一名合格的合伙人（达到合伙人业绩指标），公司均一次性给予该合伙人 1 万元奖励，伯乐激励无上限，多培养多获得。

举例：刘老师作为公司业务员，个人年度业绩达到 240 万元已然具备 D 级合伙人资格，可以配置 5 人的销售团队。当他努力培养和管理时，5 人团队中有人业务能力强，年度也达到了 240 万元的业绩指标，则他可以算作培养了一位合格的合伙人，公司根据约定内容，一次性奖励他 1 万元的伯乐奖励。

5. 管理分红

D 级合伙人培养新合伙人，新合伙人达到合伙人业绩指标（年度业绩 240 万元）的，则 D 级合伙人次年晋升为 C 级合伙人，培养出的新合伙人为 D 级合伙人。C 级合伙人次年可享受 D 级合伙人个人及团队年度核算净利润的 3% 作为其管理分红。

举例：

第一，刘老师作为公司业务员，全年营销业绩达到 240 万元以上已具备 D 级合伙人资格，次年起正式享受 D 级合伙人的薪资福利。

第二，刘老师成为 D 级合伙人后组建 5 人的销售团队，其中一名销售员张三业务能力突出，完成了 D 级合伙人的业绩指标（年度业绩 240 万元），则次年张三具备 D 级合伙人资格，且张三也有资格组建并带领新的团队。

第三，刘老师次年晋升 C 级合伙人，除享受 C 级合伙人薪资福利外，同时享受张三整个团队（含张三个人业绩）年度核算净利润的 3% 作为管理分红。假设张三团队（含张三个人业绩）整体年度业绩达标（740 万元），假设利润大致 200 万元计算，提取 200 万元的 3% 等于 6 万元作为他的年度管理分红。

第四，若张三不组建团队，则刘老师依然提取张三个人年度核算利润的 3% 作为该分红。

注意：下级合伙人个人业绩未达到合伙人业绩标准且丧失合伙人资格的，则其上级合伙人的管理分红随即消失。一级合伙人培养二级合伙人后，二级合伙人再次培养三级合伙人的，三级合伙人与一级合伙人无任何关系，本约定分红仅两级关系。

最后就是淘汰机制和丧失合伙人资格的条款，前面章节已经介绍，这里就不多讲了，以上就是整套方案的核心。

5.10　开始运作时注意的关键点

不知不觉已经讲到最后一部分了，我们把设计方案整理好之后，就开始正式进入运作环节。

现在，我们快速捋一捋本方案设计的核心点：当设计完整个方案之后，不要忘记写这么一句话，即本法自什么时间起生效，之前相关规定与本法相冲突或不一致的均以本法为准。还有一条就是本法由哪个部门作为档口管理，全体营销合伙人的绩效评估每月一次，激励评估每季度一次，以确定其适应性和有效性，这就是按照阶段来调整基本法。

再回顾一下，首先是设计整套营销合伙人基本法，重点是公司能够拿出多少比例的股权来做整体激励，股权的比例要分配给哪几个板块。比如营销板块占多少、职能管理板块分多少，如果有技术板块、生产板块，每个板块应该分多少，这些需要核算。

核算之后，比如营销板块最多激励的额度是公司股权总额度的

10%，那么就要好好地利用这10%来设计营销基本法。10%是多少？伯乐激励拿出几千元还是几万元？团队分红和管理分红应该拿出多少来合适？不能少，少了没激励性，不能太多，多了整个基本法不成体系，所以这需要细细地推敲和不断地测算。

还有就是张三从业务员晋升到S级合伙人，也就是顶级合伙人这个层面，他已然是公司的股东了，这个时候可以用期权的激励方式，这样从业务员到公司股东会形成一个闭环。

第6章 职能合伙设计全案

6.1 什么是职能合伙人

如何把职能部门负责人员工的角色变成合伙人的角色，让职能部门的负责人承担合伙人的责任，享受合伙人的收益，把目光放长远，与企业一起共担、共享、共创呢？

一起来思考一下，企业没有机制拿什么去谈管理呢？所以合伙人制度就是机制导入。

换句话说，如果你今天不导入股权激励，那么有一天你的同行万一比你早一天导入股权激励，你就很危险了。

企业刚开始创业的时候，靠的是老板管人。现在企业慢慢成长起来了，这时候靠的一定是制度来管人。

有一句话我经常和朋友们聊，我说老板要解决六件事：沟通、融资、招贤、分钱、分股、分权。

把这六件事解决好，就既不缺钱又不缺人了，并且可以让员工干企业的活跟干自己家里的活是一样的。

合伙人股权激励必须要配套企业的未来发展战略、组织架构、治理架构、未来的资本规划等，这些都要跟股权激励相结合，如果不结合，单纯地出个方案，大家签个字就完事了，这是对企业非常不负责任，这样做不仅起不到激励作用，还有可能让你的企业更快地面临危机。我并没有乱说话，这是真的。

那么什么是职能合伙人呢？职能合伙人实际上就是企业的职能部门负责人、职能部门主管和部门的优秀员工，这是分三层来讲的。

如果是销售部门，就很好激励了，销售是完全按照业绩来计量销售人员对公司贡献的，关于销售部门的激励，在第5章中已经详细介绍，此处不再赘述。

那么职能部门呢？比如人力部、采购部、财务部、行政部可能还有仓储、质检、运输、客服，可能还有企划部，等等，这些岗位怎么去量化？

企业拿出30万元来年底做分红，各个部门应该分多少？这是至关重要的。不能平均分，平均分容易出问题；也不能这个多、那个少，更容易出问题。

假设企业一年净利润1000万元，你作为企划部负责人，这1000万元当中你的贡献是多少？而如果你是行政部经理，你在这1000万元中的贡献又是多少？不是很好量化吧？企业为什么留不住人？因为不懂合伙人制度。

6.2 什么是职能合伙激励模式

合伙人股权激励说简单点，就是释放一部分股权，激励公司的核心人员，记住是激励而不是给，这里需要进行区分。

如果你想留住一些人才，于是你给了他们一部分股权，那你就要有他们拿到股权之后可能会离开公司的心理准备。因为给是基于过去的，"大家一起创业，现在也有四五年了，大家都辛苦了，我这次拿出 20% 的股权给大家分分。"如果这样，首先他们几个就会打起来，这 20% 怎么分都不对，为什么？

因为这 20% 的股权既然拿出来给大家分，肯定是基于过去的贡献，过去的已经过去了，那谁的贡献最大呢？每个人都会认为自己的贡献是最大的，不信一起来考虑一下：

部门经理说："你作为总经理整天门都不出，开着空调玩玩电脑，文件上签个字就完了，什么活都是我去布置和完成的，凭什么你拿10%?"（这里的 10% 仅是举例子。）

部门主管说："你作为部门经理，你整天就是布置工作，没事开开会，但是落实到具体事宜上都是我带着兄弟们腿儿跑折才办成的，你凭什么比我拿的多？还有，那个张三来了不到两年，我都干了快五年了，凭什么他比我拿得多？"

所以到现在你认为你分得公平吗？我可以这样说，你无论怎么分都不会公平的，你信不信？那你说都已经分了，怎么办？没办法，只能凉拌！再说你也没办法收回来，因为已经给出去了。首先给得不公平，再就是这个股权算是废了，收也收不回来，也没有起到任何的激励性。

真正的股权激励就是：今年完成 1000 万元的利润目标，你作为总经理，公司经测算，你这个岗位可以预授 200 万股的激励额度（预授就是预计授予），但是今年你能不能拿到这 200 万股，是不是可以拿到全额分红，不是我说了算，也不是别人说了算，而是你自己说了算，为什么呢？

因为这 200 万股是激励，干得好了每股分红 0.5 元，200 万股就是 100 万元的分红，这是激励。但是有激励就必须要有约束，200 万股的背后是一张评估考核表，我们叫六星评估考核表。今年你能不能全额拿到，拿到多少，这一张评估考核表会记录你这一年的工作表现，给出具体的答案。所以只有激励不行，还必须要配套约束。

另外还有一点可不要忽视，我经常说导入合伙人制度，是原来每年都完成 1000 万元的利润，导入合伙人制度之后应该更多才对，这才是有激励作用的。而不是导入了合伙人制度，公司业绩保持不变或者有所下滑，如果这样合伙人制度就没什么用了。所以做激励，是用 1000 万元以上，超出的部分来做激励，可不是从你的口袋里拿出多少钱来分，不是这样的。

所以职能合伙人基本法，说简单点就是在职分红、岗位分红，或者岗位激励，人在股在，人走股没，没有继承权、表决权、转让权等权利，只有分红权。

就拿分红权举例子吧，有定额分红，也有超额分红。定额分红就是在职分红，即先定一个分配比例，如果在一定的时间之内完成目标利润的指标，那么就可以得到这一比例的分红。一般来说这个方式适合公司总经理级别以及他带领的团队成员，包括技术骨干、业务骨干，等等。

超额分红相对于定额分红，就属于动态的了，定额分红是固定在一个额度，完成就有，没完成就没有。超额分红是超过这个目标之后才会有的，比如今年公司的利润目标是1000万元，但实际完成的利润是1500万元，超过了多少呢？是1500万元减去1000万元，超出了500万元的利润，那么超额比例就是50%。假设规定的超额提取比例是50%，那么500万元提取50%就是250万元，这就是超额的分红，应该分配给团队成员。

不论是定额分红还是超额分红都是一种短期的行为，需要考虑把这种短期行为转为长期行为，最后就是既有激励还要有约束。如果当年业绩好就有分红，没有完成业绩怎么办呢？这必须要有说法，分红的时候可以一分不差，但是分红必须采取延期支付。

这种股权激励适合哪些公司呢？适合利润比较丰厚，现金流充裕，不愿稀释股权的公司。

6.3 公司拿出多大额度来激励职能合伙人

公司在激励职能合伙人时，实际上确定额度有两个问题，一是公司提取激励的总额度，二是合伙人个人能够拿到的额度。先说确定公司能够授予所有合伙人的总额度，那么应该拿出多少额度做这个股权激励呢？

（1）我们大脑里必须有股权控制意识，自己的股权不能低于这几个点：67%、52%和35%。还有你要定好未来的组织架构，组织架构是你设定未来三五年战略目标之后，要明白完成这个战略目标，需要多少人一起来做，需要新增哪些岗位等，这都是需要你和团队去考虑和设计的。记住，股权激励是激励岗位，人在岗位就有，人不在岗位就没有。

（2）要看公司的整体薪酬水平，如果公司的薪酬水平比同行略低，那么股权激励的额度就要稍微高一些；如果公司的薪酬比同行略高，那么股权激励的额度就可以稍微低一些。

（3）要考虑公司未来三五年战略目标的难易程度，如果很容易就能达到，那么定的总额度就要低一些；如果很难达到，或者需要团队付出很多的努力，那么激励总额度就可以相应地高一些。

（4）看公司的发展阶段，如果公司规模很大，发展比较稳定，即使你拿出很小的一部分来做激励，绝对的金额也不少了。公司资产或者每年的销售额几十亿近百亿，拿出2%来就可以了；但是如果公司的发展阶段比较低，公司的整体资产、体量比较小，那么就可以多拿出一些股权来激励。不然公司体量小，再拿得少，那就没有激励作用了。

（5）根据股东们的个人意愿，看看大家愿意拿出多少来进行激励。

这几点就是之前讲到的，确定公司总体量的问题，一般公司拿出 15% ~ 20% 来做股权激励刚刚好，个别公司能拿出 30% 来做股权激励，这也无所谓。

不管是总量还是个量，一定要记住：绝对不是头脑一热出来的，也不是自己估算出来的，这一定是要算出来的。

总量确定之后，怎么来确定股权合伙人的个人数量呢？记住一些原则性问题，一个员工该买多少，或者该激励多少，他是需要根据职位来计算的，职位越高量越多。

第一根据职位，第二根据贡献。贡献怎么衡量？先了解他的年收入，建议分红至少是他年薪的 1 ~ 2 倍。比如，你的公司总经理年薪 10 万元（工资、奖金、绩效所有加一起），他应该得的分红比例是多少？他年薪 10 万元，分红最好是 10 万元到 20 万元之间。为什么？如果他年薪 10 万元，分红 1 万元到 2 万元，那他有感觉吗？没有吧！这样还不如不做激励，因为起不到激励作用，效果不太好。

如果这个员工一年 10 万元年薪，年底分红分了 100 万元，是有感觉，但是这个人就走了。怎么回事呢？你让他走的，他要小富即安可能拿到钱就走了。

年薪 10 万元，分红 10 万元，20 万元刚刚好，如果这样算公司一年净利润 200 万元，应该给他的股权是百分之多少？如果 200 万元分 20 万元，占百分之几？ 10%。如果 200 万元分 10 万元，占百分之几？ 5%。所以区间就出来了，在 5% ~ 10%。

如果属于业务岗位，那么根据他的销售业绩来定他的个量激励额度就好了。大家可以参考。

公司一共拿出 50 万股来分配给 10 个岗位的人做在职分红，这 10 个岗位又都不是业务岗位，那么他们的岗位价值又怎么体现呢？行政部是给 10 万股还是 8 万股呢？这就涉及预授的问题了，也就是这个岗位大致能拿到的份额是多少，有这个区间的份额就能进行下一步的工作。重点是反正不能平均分，平均分会出现很严重的问题。

那么既然不能平均分，就得需要解决的方法，而解决的方法是什么？就是需要进行岗位的价值评估了，可以评估各个岗位的价值和合伙人的额度。

当确定了总额度之后，就需要虚拟预授的股数了，这个股数是为了方便计算各岗位实际得到利润分红的比例而设置的数值。比如公司拿出 20% 来做合伙人激励制度，如果公司估值 2000 万元，那么 20% 就是 400 万股。或者公司注册资本 1000 万元，20% 就是 200 万股，这个多少多少万股，就是暂定的预授虚拟股的总额度，当然这个总额度可以随着人员岗位的增加或减少而进行动态调整。

6.4 哪些人可以成为合伙人

虽然要激励公司创业初期的老员工，但是对等的还有公司的今日英雄，这种人现在工作得很好，但是你也必须激励他，对他进行激励是对他现在工作的最大认可。你想一想，如果他工作不努力，没有资格、没有能力，你会和他谈论公司的股权，给他一些股份吗？不会的。

这就是一个选择未来股东、未来合伙人的一个过程，所以必须谨慎。我们谈对象不也谈一两年，双方之间都认可，然后再去领结婚证，这跟公司的今日英雄是一样的道理。他在公司工作满一两年了，这个人的品德、能力问题都不大，这个时候就可以"领证"了。这样做，就是想给那些现在不努力的员工看的，让大家都看到，凡是在公司努力工作的，将来都是公司的合伙人，都是股东，都有股份。

总的来说，要确定内部的合伙人实际上也是有一些原则的，按照这些原则再确定这些合伙人也就有头绪了，有哪些原则呢？

一般有三个原则：

一是公平公正的原则。很多人想成为合伙人，从而能够得到公司的认可，也可以相应地得到长期的股权收益。所以在确定合伙人的时候，一定要公平公正，不掺杂任何的私人感情，不能特殊对待。我这里所说的公平可不是什么人都可以成为合伙人，有一句话叫全都激励就是没有激励。

第一，公司本身利润不多，全员持股都去分配，每个人到手的钱都不多，这就等于发福利了，基本就没有激励作用。第二，股权激励本身就是激励公司的一部分人员，也就是先让一部分人富起来，再带动另一部分人富起来，这才是股权激励。

二是不可替代性原则。什么意思呢？股权是有限的，不可能成为人人都享有的一种福利。公司为了更好地发展，就必须限定人数，而这个人是其他人又不能轻易替代的，在市场上也很难招聘得到，就算能招到也得花大价钱、长时间去培养，成本很高，所以这个人是不可替代的，你应该把他作为合伙人的范围。

三是能够为公司未来创造价值的员工。可能种种原因他没有成为部门负责人，但是他是公司的栋梁，所以你得需要激励他。

根据这三个原则，就可以确定合伙人的范围了，而这些合伙人必须是公司在实施战略的时候具备价值的核心人才，比如他是拥有关键技术的人、拥有核心业务的人、控制关键资源的人，等等。

6.5　合伙人岗位价值评估与分红测算

企业需要进行岗位的价值评估，评估出各个岗位的价值和合伙人的额度。

先简单讲讲这套岗位价值评估工具，这套工具我已经使用多年，实际上也是根据企业规模来定的，如果是大型企业，那么我建议还是采取评估法；如果企业较小，那么就可以采取我的这个工具，非常实用。

这套工具从责任因素的 9 道题，到知识技能因素的 9 道题，再到努力程度的 6 道题和工作环境的 4 道题，一共 28 个因素，28 道题。

使用这套工具你可以根据岗位的职责对号入座，比如企业行政部的工作主要是前台客户或者领导的接待，有的还有客服、车辆调配、卫生、工作餐、内部活动安排策划、外部的商业对接或者活动举办策划等比如行政部的因素：

风险控制的责任。因素定义：从企业全局来看，如果决策不当或者工作失职给企业带来的风险。

1. 无任何风险。   0 分

2. 仅有一些小风险。一旦发生问题不会给企业运营造成多大影响。   10 分

3. 有一定的风险。一旦发生问题，给企业造成的影响能明显感觉到（如影响正常的运营，企业无法正常办公等）。   20 分

4. 有较大的风险。一旦发生问题，会给企业带来较严重的损害（如连续 5 天以上停止运营，企业无法办公等）。   30 分

5. 有极大风险。一旦发生问题，对企业造成的影响不仅无可挽回，而且会致企业经济危机甚至倒闭。   50 分

假设行政部有一点风险，一旦发生不会给企业造成多大的影响，对应的是 10 分，这个 10 分就要记录在第二份资料内（也就是一张表格内），最后用作统计各岗位的分数和占比。

要记住，打分的时候一定是站在企业的角度来给这个岗位打分而不是给某一个人打分，这是其一；其二就是在打分的时候切记不要交头接耳，要去同存异。为什么？因为一个岗位在我们每个人心目中的价值是不一样的，我们每一个人的认知是不一样的，你认为这个杯子价值 10 元，我认为值 3 元，所以认知不同最后给出的价值就会不同。如果一个岗位，大家伙打的分都一样，那就坏事了，肯定是商量的，所以在打分的时候不要协商打分。最后就是打分的时候要保密，你多

少分，他多少分，这个要保密，等分数统计出来之后再向大家公布各个岗位的分数情况。

比如总经理600分，副总经理400分，财务部200分，人事部180分，行政部150分，采购部120分，企划部130分……提前声明，我这是举个例子，千万不要对号入座。经统计总分1780分，总经理600/1780=33.7%，财务部200/1780=11.23%，行政部150/1780=8.42%，采购部120/1780=6.74%，企划部130/1780=7.3%。比例一旦出来，那么企业假如一共拿出20%的股权，折合成1000万股，那么总经理配给的就是1000万股的33.7%，财务部就是1000万股的11.23%，等等，股数就这样预授（预计授予）的。

假如企业今年净利润1000万元，拿出20%就是200万元，200万元除以1000万股就是每股0.2元，总经理拿多少万股呢？1000万股的33.7%，就是337万股，0.2元/股×337万股=67.5万元的分红。

这样讲清楚吧？所以岗位价值评估是在职分红中职能合伙人分配股权最公平合理的一个核心点。

老板怎么分配股权都不对，对于其他人都不公平，那怎么办？只能让他们自己来分，他们背靠背打分，也就是你这个岗位在我们大家的心目中就值这么多，所以就值这么多。这是合伙人团队做的决定，不是某一个人做的决定，所以分成公平。

另外需要特殊交代的就是，你可以提前把企业未来3～5年的战略规划出来，然后重新设计组织架构。

比如企业未来需要完成1亿元的目标，但此时此刻的组织架构只有 10 个人，不足以支撑未来的业绩指标，那么是否需要增加几个岗位或者增加几个部门？这需要提前设计和预留，股权数量也需要提前测算出来。后期招人的时候，可以这样说：我们企业除了正常的薪资水平之外，年底还有岗位分红，你这个岗位根据我们合伙人团队测算，年底如果干得好，分红大概 15 万元到 20 万元。这样是不是就好招聘了呢？

但是如果年底分红的时候，某一些岗位没有人在，那么对应的分红是不能扣的，老板不能拿，这部分岗位空缺所对应的分红应该是大家的，所以应该按照比例分配给大家，前提是企业的目标，还有各合伙人的考核必须通过。

有人说岗位暂时先不设立，等需要的时候再增设，然后再做岗位价值评估，重新梳理行吗？这样也行，你怎么方便怎么做就可以。

最后记两个公式：

合伙人个人当年实际获得的股数 ÷ 所有合伙人实际获得的股数之和 ＝ 合伙人每年的分红比例

合伙人的分红比例 × 公司实际提取激励的分红金额 ＝ 合伙人每年的分红金额

6.6 合伙人的评估考核制度及合伙人的延期分红设置

合伙人评估考核制度，我叫它六项标准考核，是一张表格，详细记录各种事项。

比如财务部门，它的部门指标可能就不是考核销售业绩了，可能考核的是融资计划、投资计划、税务部门对接、税务筹划、公司全面的成本控制等。

再比如生产部门，它的部门指标可能是生产率、质量、生产时间、生产过程的安全事故等。不一样的部门侧重点不一样，所以不能一概而论。

当然这些指标需要根据目前公司的实际情况删减或者添加，虽然是六项标准，但是有的企业做到八项或者十项也是可以的，这就是我们说的激励要对应约束，这些考核就是用来约束的。

每年年底核算，春节前分红，一般这样最好。但是如果公司出资购买了一块土地，购买了机器设备，或者应收账款没有及时收回，正好面临分红的阶段，公司是有利润，但是账上没钱怎么办？这时候我们就不得不用延期支付了。

延期支付可以分两年、三年或者四年分红完毕，一般分三年基本就合理了。举个例子，比如张三今年测算应分红金额是 100 万元，当年分红提取比例为 50%，那么分红就是 50 万元；明年分红 30% 就是 30 万元；后年分红 20% 就是 20 万元。这个 5、3、2 在国际上都是非常合理的。

当然你可以和团队商量，6、2、2 也行，8、1、1 也可以，你说两年行不？两年也可以，比如 6、4，第一年 6，第二年 4；比如 7、3，再比如 8、2，或者 5、5 都可以的。但是三年也好五年也罢，最低也不能低于两年，为什么呢？

员工如果想辞职，他会想："到底走不走呢？走了吧还有几十万元分红没给呢，不走吧又不想干了，走了太可惜，要不再将就着干两年。"这就是自动自发地自己激励自己。

如果到了分红的季节，公司刚好去投资了一块地，置办了机器设备，或者账面上是有利润的，但是应收账款比较多，都没给钱呢，这样分期支付，可以解决资金压力的问题。

还有比较核心的就是：如果按照5、3、2做延期支付，张三今年应分红100万元，当年拿到50万元，但是他在第二年年终离职了，那剩下的30万元和20万元的分红还没给他，请问还用给他吗？

关于这个问题，要记住一句话："凭什么啊？"我们做延期支付，做合伙人激励制度为的就是激励人才留住人才。只要中途离职的，不仅延期支付的剩余分红没有了，他的所有未分配的收益，全部归公司所有，可以算作公司运营成本，或者算作公司利润由其他努力奋斗的合伙人按照持股比例分了。

当然还有一点需要记住，就是公司在向合伙人发放利润分红的时候，一定要根据相关法律的规定代扣代缴相应的个人所得税。

6.7 虚拟股转期权注册机制

虚拟股转期权一定要算出可以购买的期权数量，才能让他进行期权购买的操作，那么你怎么能够计算他可以买的额度呢？回想一下，是不是每一个合伙人都有一份评估考核表？举个例子：

张三首先是某部门负责人，之后通过岗位价值评估测算出他的预授股权额度是 110 万股，第一年张三经评估考核的股数是 100 万股，第二年评估考核后是 90 万股，第三年评估考核后是 110 万股。记住，这里可不是他这三年的数量相加，而是要三年的数量相加得出平均值。

比如张三的三年数量相加为 300 万股，然后再除以 3 为 100 万股，这是张三个人的三年平均值，以此类推，算出李四王五及其他人的三年平均值。

假设只有三个合伙人，张三、李四与王五，他们每个人的三年平均值加总是 600 万元，张三是 200 万股，李四是 250 万股，王五是 150 万股。

张三 200 万股除以 600 万股为 33.34%；李四 250 万股除以 600 万股为 41.66%；王五 150 万股除以 600 万股为 25%。

如果公司为了激励他们，一共拿出的股权额度是 20%，我们再算一算：张三获得 20%×33.34%=6.668%；李四获得 20%×41.66%=8.332%；王五获得 20%×25%=5%。是不是他们的比例就出来了？我们要的就是这个比例。

然后公司就会拿着合伙人的身份证去工商局办理一家合伙企业，用这家合伙企业做持股平台，然后公司以增资扩股的方式让这家合伙企业合法地取得公司的部分股权。

之后就是合伙人正式进入锁定期，也就是我们下一部分需要注意的内容了。

6.8　期权的购买与锁定设置

职能合伙人基本法，实际上就是在职分红激励模式＋期权激励的组合。基本法开始实施之后设定考核期为三年，三年考核完毕后，公司与合伙人通过者签订"职能合伙人期权激励协议书"。

公司根据合伙人前三年的考核结果，明确该合伙人在本法实施中最终所获授的待注册股份比例、股份的增发价格及方式、锁定期需缴纳的保证金以及锁定期内该合伙人享有的权益，并进入锁定期，该期权锁定期为三年。这就一目了然了，基本法出台会连续三年的考核，做最终的期权购买比例核算。

当得到确切的数字和比例之后，合伙人就可以交钱，可以行权了。行权期可以设置一个窗口期，也可以每年设置一个窗口期，当合伙人交了钱行了权就进入锁定期，这时候也就该给他去工商局注册了。

参考几个条款：

第一是认购价格。合伙人有权以1元每股的价格购买最多不超过经考核后的可行权数量（公司估值1000万元，核算为1000万股，每股1元）。

第二是行权安排。每年1月1日至5月31日为行权窗口期，按照三年行权，第一年行权30%，第二年行权30%，第三年行权40%，如合伙人在行权窗口期末行权的则自动放弃本期权激励计划。

第三是购买方式。合伙人需自筹资金支付购股款。

第四是股权注册。合伙人购股权支付完毕后，由公司统一注册并办理工商登记；合伙人均注册至有限合伙企业内（有限合伙企业作为持股平台，工商可查），有限合伙企业直接持有公司的部分股权。

第五是股权权益。行权注册后即进入锁定期，锁定期内股权除享有对等比例分红和根据该合伙人在本法中的其他权益外，无任何股东权益；当全部期权行权完毕及解锁后，则根据合伙企业法享受股权的相关权益。

获授公司股份份额计算方法为：个人三年获得激励额度平均值除以公司三年总激励额度平均值，再乘以对应的百分比（前边张三的例子是 20%）。

锁定期内发生重大变化，比如合并、重组、转让，则提前解锁加速注册或清除。

注意：本计划合伙人有无资格购买期权则根据"职能合伙人考核评估表"执行。为什么呢？因为如果某合伙人第一年没考核通过，那可能就会面临换人，他连成为合伙人的机会都没有，盯着他岗位的人多的是，并且合伙人制度就是让能力强者更强，能力弱者努力加油。

不是谁能成为股东，而是每个人都有机会成为股东，主要是人人都有机会。

6.9 开始运作时注意的关键点

不知不觉进入最后一部分了，我们聊一聊整个方案设计的核心。

第一，什么是合伙人？合伙人是能够共创、共担、共享的一群人。

第二，什么是职能合伙模式，就是采取在职分红＋延期支付＋期权的模式的组合。

第三，公司拿出多大的量（多少额度）来激励？

一般根据行业不同、公司规模不一样、利润水平不一样，模式就不一样。比如增长潜力大，利润也多，那么就是在职分红＋期权，不仅赚目前的分红也能赚未来增值的钱。

如果公司只有增值没有什么利润，那么期权、股票增值权最适合不过了。如果公司属于传统企业，利润比较多但是增长不太理想，那么就是在职分红＋延期支付＋实股注册的方式。

第四，各个合伙人能得到多少额度？这个其实还是能够测算的，先算总的薪酬金额是多少？1～2倍就是总的激励额度。

举个例子：总量拿出多少来呢？你先算总的薪酬，比如合伙人（也就是各部门负责人）的薪酬加在一起，假设是50万元，那么1～2倍就是激励金大概为50万元到100万元。再说公司的净利润每年多少钱？如果是500万元的利润，那么就拿出10%～20%的额度来，这样算简单不？

再说一个量，也就是某部门负责人，这个合伙人他个人能拿到多少？这就得交叉验证了。怎么交叉验证呢？首先测算他年薪的 1 ~ 2 倍是多少？这个测算结果千万不要透露出去。其次就是先假设公司 10% 的额度，通过岗位价值评估的结果，算出他的比例，再根据他的比例测算他的分红。如果分红高于他年薪的 1 ~ 2 倍，那么额度就低一些。如果低于他年薪的 1 倍，感觉有点少了，那就再加上点，所以年薪的 1 ~ 2 倍是你的尺子。

第五，延期支付，建议采取 5、3、2 的方式，人离职剩余的分红全部清零。

第六，期权的购买，一定要记住，是连续考核几年之后测算出平均值，然后 1 元 1 股可以购买。如果连续考核没有过关，那就应该尽早换人。

第七，公司未来 3 ~ 5 年的发展规划和组织架构的匹配度如何，建议提前把组织架构完善，提前预留每个岗位的股权激励和分红测算表，这样后期好招人。

第八，六星考核表，这个表是动态的，所以考核也是动态的。比如今年抓利润，明年抓团队，后年抓激励，或者一个季度来一次调整，调整的范围很简单，公司哪里薄弱就约束公司哪里（那个部门薄弱，或者做得不到位），这样逐步调整就行。

第九，这个考核一般是股权设计咨询顾问来设计并且去调研和评估的，但是如果你的公司不愿意花费这部分顾问费，那么自己公司也可以组建合伙人股权管理委员会，每季度、半年度、年度来调整，以适应公司的发展需要。